石油天然气
勘探和开发投资

SHIYOU TIANRANQI

KANTAN HE KAIFA TOUZI

雷胜其◎编著

经济管理出版社

ECONOMY & MANAGEMENT PUBLISHING HOUSE

图书在版编目（CIP）数据

石油天然气勘探和开发投资/雷胜其编著. —北京：经济管理出版社，2015.4
ISBN 978-7-5096-3655-8

Ⅰ.①石… Ⅱ.①雷… Ⅲ.①油气勘探—投资 ②油气田开发—投资 Ⅳ.①F407.22

中国版本图书馆 CIP 数据核字（2015）第 047863 号

组稿编辑：杨国强
责任编辑：杨国强　张瑞军
责任印制：黄章平
责任校对：车立佳

出版发行：经济管理出版社
　　　　　（北京市海淀区北蜂窝 8 号中雅大厦 A 座 11 层　100038）
网　　址：www. E-mp. com. cn
电　　话：（010）51915602
印　　刷：三河市延风印装厂
经　　销：新华书店
开　　本：720mm×1000mm/16
印　　张：8.75
字　　数：143 千字
版　　次：2015 年 4 月第 1 版　　2015 年 4 月第 1 次印刷
书　　号：ISBN 978-7-5096-3655-8
定　　价：38.00 元

前　言

中国正在向私人开放石油天然气（简称油气）行业的投资大门，投资者在这个行业将大有作为。一些有先知先觉的商人抢占先机，获取因稀缺而形成的差价，从国外买油气资产到中国上市。油气市场是世界性市场，空间巨大，需要巨资和巨头。油气投资拥有世界级机会，世界、中国都需要中国新一代的民间油气大亨。中国以前没有向国内私人开放油气行业的投资大门，除了"三桶油"——中石油、中海油和中石化，从事油气勘探开发的中小公司上市很少，普通投资者接触到油气投资活动的新闻和信息公告不多，造成许多普通投资者对油气行业投资的了解甚少，也缺乏兴趣和机会。

在众多的行业投资中，有些行业投资特别需要相关行业的知识，油气行业投资是其中之一。油气勘探和开发投资运作的特殊性是油气行业投资所需的行业知识中很重要的部分。针对油气勘探和开发投资运作的特殊性，本书介绍了油气投资分析的要点和方法。

笔者十年前走出国门到加拿大，看到北美国家的油气勘探开发公司很多，而且中小油气勘探开发公司更多并十分活跃。基于油气行业投资需要对行业知识的认识，通过多年潜心研究分析各个油气勘探开发投资的案例后，笔者编写了有关油气投资分析要点和方法的书。本书有两个特色：一是抓住行业本质，突出油气行业的商业规则；二是贴近行业实际，列举的例子几乎都是油气行业的上市公司。希望本书对不熟悉油气行业的国内普通投资者在投资油气行业时有所帮助。

目　录

第一章　油气勘探投资成功和
失败的故事

内容提示：地下埋着的是一个聚宝盆，还是一个烧钱的无底洞？只有钻探结果能给投资者提供确切的答案。

本章介绍几个近几年发生的油气勘探投资成功和失败的案例，希望读者从中能有所启发。油气勘探投资成功的故事所展现的是油气勘探投资魅力的一面，而油气勘探投资失败的故事要揭示的是油气勘探是一项风险事业。油气勘探投资是一项风险投资，具有高投入，高风险。油气勘探一旦发现大油气田，回报丰厚，对投资人来说，很有吸引力。但是，油气勘探又给投资人带来困惑：投资和回报不成正比，风险巨大，不成功则颗粒无收，损失巨大。海上油气勘探费用高，风险大，几千万美元打水漂的事并不少见。

第一节　发现大油田给投资者带来丰厚的投资回报

一、非洲石油公司在非洲发现大型油田给投资者带来 800% 回报

东非可以说是世界上最让人兴奋的石油勘探区域。在多伦多证券交易所创业板上市的非洲石油公司 Africa Oil Corp.（股票代码：AOI）2012 年在肯尼亚石油勘探获得巨大成功，成为近两年北美资源投资界津津乐道的故事。非洲石油公司在肯尼亚发现大型油田，促使其股价在几个月时间上涨超过 800%。著名资源基金管理人士里克·卢勒（Rick Rule）也说："非洲石油公司股价从 0.70 美元涨到 8

美元很生动地提醒投资者，当你在风险投资市场遇到勘探成功，这将会给你带来多么大的回报。"

非洲石油公司的股价上涨从 2011 年 8 月 3 日公布开钻的日期开始算，当时的股价为 1.3~1.4 加元，随着利好消息陆续公布，股价不断上涨。到 2012 年 5 月 28 日，股价涨到 10.95 加元的高点，涨幅超 800%。非洲石油公司 2010 年 10 月到 2014 年 10 月间的股价走势如图 1-1 所示：

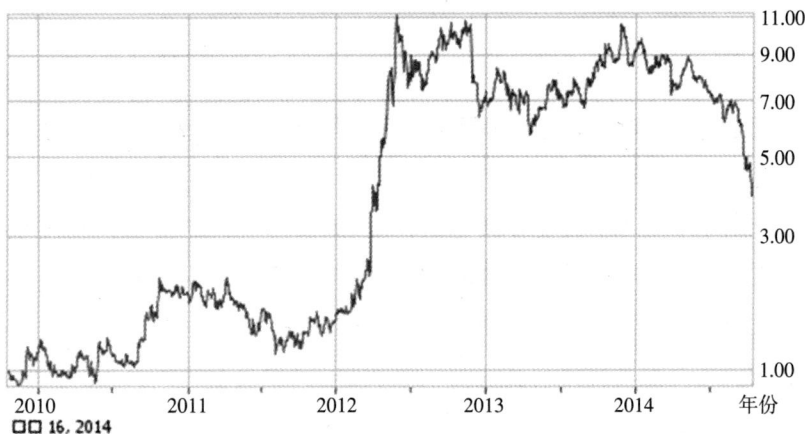

图 1-1　非洲石油公司股价走势

资料来源：stockhouse.com.

以下对非洲石油公司石油大发现的过程和股价变动的情况做介绍。

（一）股价受将要开钻利好消息的影响振荡向上

从 2011 年 8 月开钻消息公布到 2012 年 3 月发现石油之前，非洲石油公司的股价受将要开钻利好消息的影响振荡向上，从 1.3 加元、1.4 加元涨到 2.34 加元。非洲石油公司发布了两次将要开钻的信息公告。

（1）2011 年 8 月 3 日非洲石油公司发信息公告，称该公司与图洛石油公司 Tullow Oil Plc（伦敦证券交易所上市，股票代码：TLW）已整合和解释所有新采集（750 千米）和旧的二维地震资料，正在挑选第一口矿井的钻探位置。钻井前的准备工作包括材料购买、与钻探有关的合同签订、土建工程以及环境许可证，这些工作有的已完成，有的正在进行中。预计到 2012 年初在肯尼亚的 10BB 勘探区块将使用威德福钻机开钻矿井。受此利好的影响，当天非洲石油公司股价上涨。

（2）2011 年 12 月 16 日非洲石油公司发信息公告，称在肯尼亚的 10A 勘探区块 Ngamia 井的开钻时间基本确定，将在 2012 年 1 月开钻。该矿井将测试三面陷落圈闭内中新世砂岩储层的原油潜力，圈闭区域背靠 West Lokichar 裂谷断层。该公司推测 Ngamia 区域的原油聚集类似于合作伙伴图洛公司先前在乌干达的阿尔伯特湖地堑钻遇的原油聚集，图洛公司钻遇的原油聚集可做大开发。

（二）钻探发现石油，股价大幅上涨

2012 年 3 月 26 日，非洲石油公司公告称在肯尼亚的 Ngamia 1 号勘探井钻遇厚度达 20 多米的净产油层（Net Oil Pay）。受发现石油的大利好消息刺激，当日非洲石油公司股价从前一日收盘价 2.34 加元攀升到 3.35 加元，涨幅达 43%。Ngamia 1 号勘探井位于肯尼亚 10BB 区块的 Lokichar 盆地，钻至 1041 米深，已成功录井并采样，见可动油，已经在地面收集原油。已发现原油的 API 值超过 30 度，与在乌干达发现的含蜡轻质原油的 API 值相近（按照美国石油协会的规定，以密度即为 API 值来划分原油，分轻油、中油和重油；API 值越高，原油越轻，轻油的 API 值通常在 38 度以上，重油的 API 值通常在 22 度以下）。Ngamia 1 号勘探井钻遇的储层属于优质的第三纪砂岩层。作为在肯尼亚和埃塞俄比亚的第三纪裂谷盆地多井钻探活动的一部分，Ngamia 1 号勘探井测试了 Ngamia 区块的地质构造。Ngamia 1 号勘探井是第一个勘探目标。许多有利的勘探目标已经确定，这些勘探目标与 Ngamia 勘探目标类似。Ngamia 1 号勘探井的油气发现将进一步增强勘探成功的信心。Ngamia 1 号勘探井的计划钻探深度大约为 2700 米，非洲石油公司将充分利用这次钻探机会，以求达到最好的结果。在钻探结束后，威德福 804 钻机将移到由图洛公司作业的肯尼亚 10A 勘探区块。图洛石油持有 10BB 区块 50% 的工作权益，10BB 区块的项目业主非洲石油公司持有余下的 50% 工作权益。

（三）又发现更厚净产油层的消息刺激股价再次大幅上涨

2012 年 5 月 7 日周一早盘交易，非洲石油公司的股价飙升了 36%，涨至 7.90 加元。当日该公司宣布利好消息：在肯尼亚的 Ngamia 1 号勘探井钻探深度现已达 1515 米，获得厚度超过 100 米的净产油层，在超过 650 米一段层位中遇到多个产油层。该公司总裁兼首席执行官基思·希尔（Keith Hill）说，发现的净产油层厚度远超钻前的估计，这将对其他类似的勘探点起到示范作用，将加快在该盆地的勘探活动。

当时有一家财经媒体说:"到目前为止,非洲石油是今年以来多伦多交易所创业板最热门的股票之一,暴涨 400%。"

(四) Ngamia 1 号井钻探又遇到了油气层,利好刺激股价创新高

2012 年 5 月 28 日周一早盘交易,非洲石油公司的股票价格再创历史新高,每股达 10.92 加元,动力来自项目作业方图洛石油公司发布在肯尼亚石油和天然气钻探结果的消息。当天的消息称,Ngamia 1 号井钻探又遇到了新的油气层,厚度超过 140 米,在井深 1800 米到 1940 米区间。这个油气层类似于以前在井深较浅部遇到的储层。预计在 3 个星期内能完成该井钻探计划。图洛石油公司表示,Ngamia 1 号井的初步结果表明该井钻探过程还会见到含油的砂岩层段。

按当时股价 10.75 加元和 2.186 亿股流通股计算,非洲石油公司的市值已达 23.5 亿加元。

在接下来的时间,非洲石油公司又有石油方面的新发现,试井结果比较理想,该公司的股价在高位震荡盘整。到了 2013 年 7 月 31 日,非洲石油公司宣布在肯尼亚勘探的成功,但该公司的股价从高位回落到 7.82 加元。

2012 年 5 月 28 日以后,非洲石油公司发布的钻探消息如下:

(1)2012 年 11 月 26 日,非洲石油公司宣布,该公司在肯尼亚的 Twiga 南 1 号井有了"第二个重要的石油发现"。该井钻探过程遇到的第三纪砂岩储层,净产油层厚 30 米。到目前为止,还遇到很厚的裂隙岩层系,厚达 796 米,有原油和湿气(湿气:是指从油气藏中提取的甲烷含量低于 90%,而乙烷、丙烷等烷烃的含量在 10% 以上的天然气)显示。该公司总裁兼首席执行官基思·希尔(Keith Hill)表示,这第二个发现紧跟着年初盆地口 Ngamia 1 号井的钻探结果,再次证实 Lokichar 盆地的勘探前景。值得注意的是,在东非遇到裂隙岩层系是第一次,给公司带来新的勘探机会。非洲石油公司持有该 Twiga 南 1 号井的 50% 权益。

(2)2013 年 2 月 21 日,非洲石油公司宣布,在肯尼亚的 Twiga 南 1 号井的试油已成功完成。在第五次也是最后一次钻杆测试(DST)完成后,按收集的原油计算,API 值 37 度的优质原油产量达到 2812 桶/日,不过,该井试油受地面设备的限制。估计经过优化这些设备后,按收集的原油计算,原油产量将上升到大约 5200 桶/天。

(3)2013 年 7 月 3 日,非洲石油公司公布在肯尼亚 10BB 区块的 Ngamia 1 号井成功完成了试油。完成了六次钻杆测试(DST)后,按收集的原油计算,API

值 25~35 度的优质原油产量超过 3200 桶/天，不过，试油受技术和地面设备的限制。随着完井技术和地面设备的优化，估计原有产量将上升到 5400 桶/天。Auwerwer 砂岩层通过了五次钻杆测试，证实了储层的质量和流体的情况，与在同一个盆地的 Twiga 南 1 号井测试的结果相似。所有层段生产的油是净原油，没有水，未见压力枯竭。除了证明储层的质量好，试井还测试以前几个测试结果不确定的部位。该合作企业已能够让 Ngamia 井的净产油层厚度翻番，估计厚度达 1100 米层段上的油柱总长度超过 200 米。同时，Twiga 南 1 号井的净产油层厚度为 75 米。作业方图洛石油公司报告说，他们相信 Ngamia 和 Twiga 井位区蕴含超过 250 万桶的可采原油。

（4）2013 年 7 月 31 日非洲石油公司公布在肯尼亚的 10BB 区块 Etuko-1 井发现原油，深钻进入下 Lokhone 地层中新世砂岩，可能遇到了约 50 米的净产油层。合作伙伴和项目作业方图洛石油公司当天公开表示，因 Etuko-1 井勘探的成功，可以预计 Lokichar 盆地的原油数量将超过油气项目可以进行开发研究的门槛。

非洲石油公司当日宣布在肯尼亚勘探的成功，促使该公司股价当天上涨 6.8%，按 7.82 加元和 2.53 亿股流通股计算，该公司有 19.8 亿加元的市值。

较早进入东非获得油气勘探区块的非洲石油公司，在肯尼亚勘探成功离不开具有丰富经验的合资伙伴图洛公司。大型石油公司图洛石油拥有勘探技术方面独特的经验和在非洲勘探成功的良好记录。

二、海湾梯形石油在库尔德发现特大型油田给投资者带来 2200% 的回报

2014 年 5 月 28 日，研究员布赖恩·韦匹（Brian Weepie）发表了一份研究报告：《伊拉克一个小地方正在提供巨量能源供应》，该报告对海湾梯形石油 Gulf Keystone Petroleum（伦敦证券交易所上市，股票代码：GFKSY）在伊拉克库尔德斯坦石油大发现与股价飞涨的历程作了很好描述，以下是该文描述的内容：

2009 年 4 月，一个很小、不出名的、市值才 86 万美元的石油公司海湾梯形石油在伊拉克北部库尔德斯坦省钻探一口被称为 Shaikan-1 井。这个小公司很幸运地撞上一个特大型油田，该公司所钻的 Shaikan-1 井日产 18038 桶石油（采用 BP 公司所说的"石油 Oil"的定义：原油、致密油、油砂出的油和凝析油）。工程师们认为该油田估计拥有超过 190 亿桶石油。该公司的股价在后来的 18 个月

内飙升 2200%。Shaikan 油田 4 口井日产石油平均值为 10000 桶。Shaikan 油田 1 口井的石油日均产量等于美国鹰滩 33 口页岩井的日均石油产量。请记住，美国鹰滩还是一个面积巨大的页岩地区，拥有丰富的石油和天然气，目前在库尔德斯坦才存在那种机会（过去五年，一些石油大发现来自库尔德斯坦。库尔德斯坦的面积只有美国得州的 1/3，这就是为什么大石油公司雪佛龙、道达尔、埃克森美孚和中国石化都在那里）。在过去十年中，Shaikan 油田发现是世界上最大的陆上石油发现之一。

Shaikan 油田 5 口直井产出石油的情况[①]：

（1）Shaikan-1 发现井直井日产 18038 桶石油；

（2）Shaikan-2 评价井直井日产 16786 桶石油；

（3）Shaikan-3 评价井直井日产 9805 桶石油；

（4）Shaikan-4 评价井直井日产 14205 桶石油；

（5）Shaikan-5 评价井直井日产 4450 桶石油。

海湾梯形石油在伦敦证券交易所上市，图 1-2 是该公司近几年股价走势图。

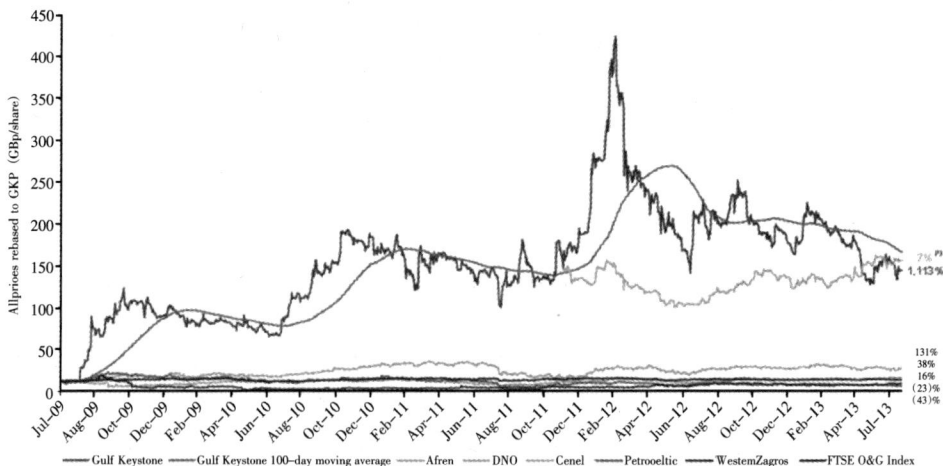

Souuce: Bloowbery, 2 July 2013.
Notes: (1) Price perform ance since 21 November 2011.

图 1-2　海湾梯形石油股价走势
资料来源：2013 年 7 月海湾梯形石油投资者日的公司介绍。

海湾梯形石油公司股价从勘探过程到开发过程的走势基本反映了勘探类型公

---

① 2013 年 7 月投资者日公司情况介绍文本。

司的股价走势特点：勘探过程是个发现过程，不断有利好消息出现，使人有充分的想象空间，投资者对公司关注的热情很高，股价得到充分的炒作，股价涨势凌厉，一旦进入开发阶段，需要考虑的因素很多，包括资本、成本、基础设施、技术、市场、地理、政治等因素，投资者的心态回到现实，股价也跟着回调，从开发阶段进入生产阶段，投资者又会对公司价值进行再发现，股价可能进入一个不断上升或下降阶段。

勘探过程需要不断地投资，图 1-3 是海湾梯形石油公司近几年通过资本市场筹集资金的情况。

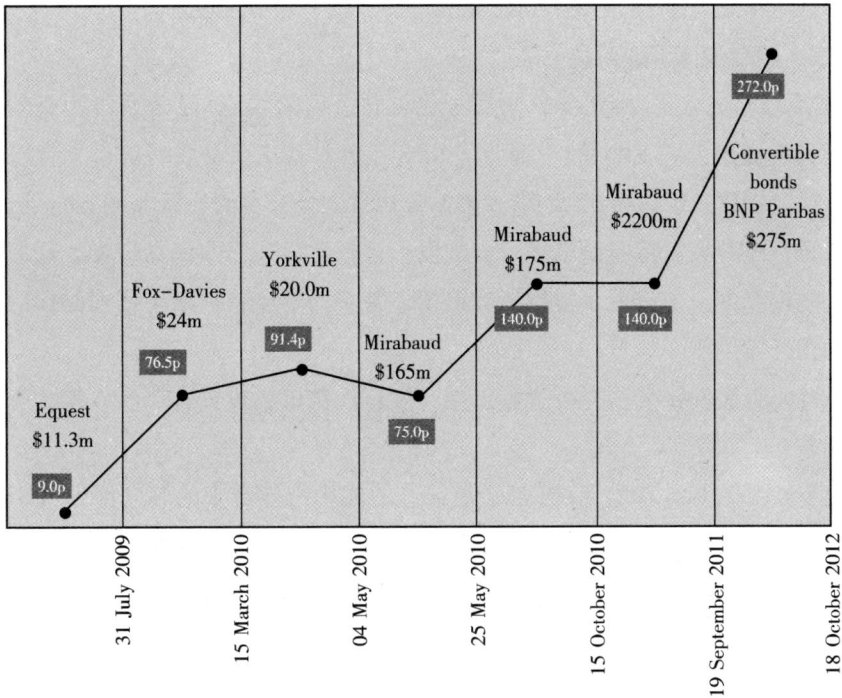

图 1-3　海湾梯形石油公司筹集资金的情况

资料来源：2013 年 7 月海湾梯形石油投资者日的公司介绍。

第二节　油气勘探不成功导致颗粒无收，损失巨大

本部分主要讲石油公司勘探失败的故事：OGX 公司、HRT 公司和一家美国

小油气勘探公司。其中 OGX 公司和 HRT 公司都是巴西的公司，这两个石油勘探故事比较好地揭示了石油勘探是一项风险事业。巴西亿万富翁埃克·巴蒂斯塔控股的 OGX 公司曾经很有实力，吸引全世界无数投资者的眼球和资金，不少有名的投资机构，甚至一些石油行业老专家也被吸引到该公司，但最终还是被石油勘探风险门槛绊倒，以宣告破产重组而告终。

一、公司 OGX 油气勘探失败的故事——投资者逐步发现油气储量根本不是 OGX 公司原来估算的数量

OGX 公司股票价格从泡沫到破裂的过程分以下几个阶段。

（一）股票泡沫形成阶段

OGX 公司成立于 2007 年，是属于巴西亿万富翁埃克·巴蒂斯塔拥有的能源和基础设施集团公司 EBX 的一部分。2008 年 6 月首次公开发行股份并在巴西证券交易所（BM&F Bovespa）上市。OGX 公司首次公开募股，筹集约 67 亿巴西里拉，百分百靠首批发行股份取得，本次发行规模比以往巴西证券市场上任何一次发行的规模都大，上市后获得投资者追捧。筹集的资金将被用于公司勘探活动和首期油田开发生产。

该公司首次发行就获得投资者追捧，发行后被市场投资者热烈炒作，有以下几个因素在起作用：

（1）巴西亿万富翁埃克·巴蒂斯塔曾经的成功给他带来的名气能够吸引投资者。他创建的矿业、物流服务业和能源公司都被外国投资者收购。

（2）公司上市经过精心包装很吸引投资者眼球。加拿大安大略教师退休计划基金曾持有 OGX 公司股份的 10.7%。上市前 OGX 公司委聘在石油和天然气行业拥有超过 70 年经验、世界领先的油气储量评估咨询公司戴高礼与乐端（DeGolyer & MacNaughton）编写一份评估报告。基于这份报告提供的资料，OGX 公司勘探区块石油和天然气的远景资源量估算达 201.8 亿桶油当量，地质风险未估的净远景资源量为 48.35 亿桶油当量。OGX 公司地质风险未估的净远景资源量勘探成功的概率为 27%。不过，OGX 公司勘探队认为，勘探成功率平均可以接近 50%（以上信息来自 OGX 公司网站）。另据路透社 2008 年 6 月 12 日报道，为了能成功开采石油，巴蒂斯塔已经聘请了几位拥有海上钻井技术世界领先的巴西国家石油公司（Petrobras）前高管。最主要人员是巴西国营能源巨头的前首席执行官格

凡西斯科·罗斯（Francisco Gros）和原巴西国家石油公司生产和勘探经理圣保罗·蒙东萨（Paulo Mendonca）。聘用有名望的巴西石油界人物是为了让投资者相信巴蒂斯塔做足功课后才去抢购巴西国家拍卖的油气勘探区块。对于巴西国家油气勘探区块的拍卖，一些石油巨头选择靠边站。OGX 公司估计提供竞拍获得的油气区块拥有油气资源量达 480 亿桶油当量，预计在 2011 年开始产油。

（3）巴西亿万富翁埃克·巴蒂斯塔行事高调，给世人感觉是位干大事的成功企业家。另据路透社 2008 年 6 月 12 日报道，巴蒂斯塔拥有"他是一个敢于冒险的人"的名声。有更多的迹象表明，他把赌注押在巴西近海新近发现石油的油气区块上。据路透社 2009 年 12 月 18 日报道，2007 年 11 月巴蒂斯塔支付超过 10 亿美元取得巴西国家拍卖的海上 21 号区块勘探权，他的这种举动可以和石油巨头巴西国家石油公司（巴西上市，股票代码：PETR4.SA；美国上市，股票代码：PBR.N）和戴文能源公司（美国上市，股票代码：DVN.N）相比。

随着勘探发现石油一连串消息的公布，OGX 公司股票价格从 2009 年初到 2009 年底已经上涨了 3 倍。2011 年，OGX 公司是巴西圣保罗证券交易所的蓝筹股，市值达 350 亿美元。图 1-4 是 OGX 公司股价走势。

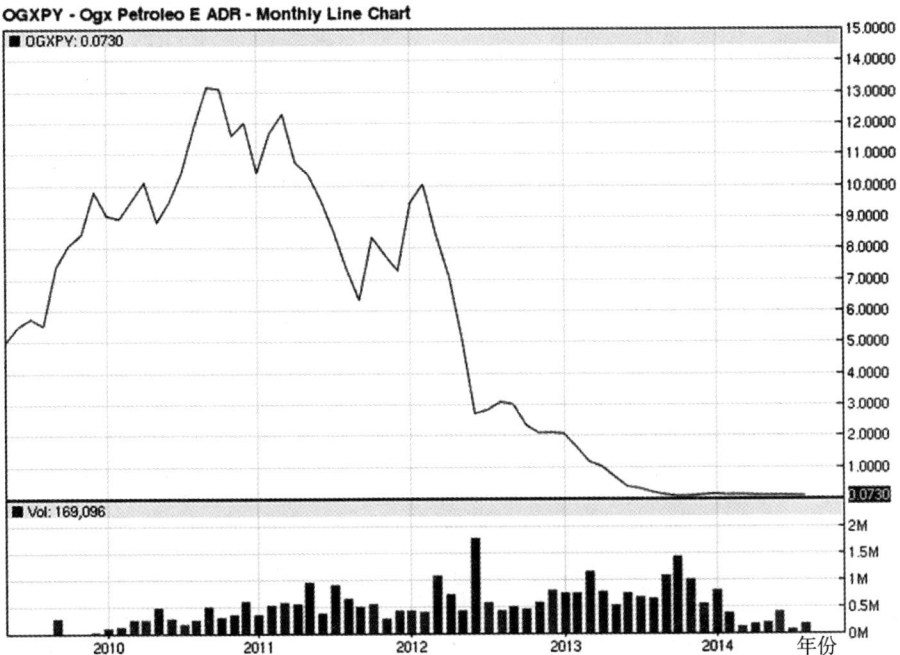

图 1-4　OGX 公司股价走势

（二）泡沫破裂因素悄悄来临的阶段

随着勘探活动深入和部分项目投产，投资者看到了现实情况。公司的股价已从 2011 年下半年高点逐渐回落，先知先觉的投资者已经开始减持公司股票。2009 年 9 月，OGX 公司开始勘探活动。2009 年 OGX 公司在威美亚（Waimea）海上区域首次发现石油，这一年还在其他几个地方发现石油。2010 年，在 BMC-40 区块的佩罗和英戈区域（Pero and Inga fields）发现了石油。2012 年 1 月 31 日，OGX 公司的威美亚（Waimea）海上油田开始生产石油，越来越多的投资者从生产情况看到 OGX 公司的现实，开始纷纷抛售该公司股票，该公司股票价格就此一路下跌。

（三）泡沫彻底破裂的阶段

原先许多人预期的海上石油井喷到了 2013 年也没有出现。2013 年 8 月，该公司宣布，其海上油田已开发投产部分的产能每天只有 17000 桶，只有年终目标的 1/3。股票投资者看到这个结果后，知道情况不妙，疯狂抛售股票，致使股价狂跌。到了 2013 年 10 月下旬，该公司股价每股只剩几分钱，此时 OGX 公司进行了高管"大换血"，接着巴蒂斯塔申请公司破产保护。事实证明，OGX 公司已经夸大了其石油储量。《华尔街日报》2013 年 12 月 6 日报道，该报纸报道之前储量评估咨询公司戴高礼与乐端发布了一份核实报告，认为 OGX 公司 Tubarão Martelo 区块油气概算储量有 87.9 亿桶油当量。不过，这个数字比 OGX 公司报告的原先数字要小得多，原先报告这个油气区块的总可采量估计在 212 亿桶油当量。OGX 公司曾认为 Tubarão Martelo 油气区块是其最有前途的区域之一。

（四）OGX 公司的失败对投资者的启示

国内一位石油行业人士说，石油是一门"摸不准"的行业，谁也不知道地下的真相如何，任何一个谨慎的石油人都不敢轻易妄言。有人事后分析，OGX 公司失败的原因在于巴西亿万富翁埃克·巴蒂斯塔在赌油气区块，没有真正领会油气勘探是一项风险事业这句话的深刻含义。

在证券市场上，投资者炒的是上市公司预期和朦胧消息。由于已经探明的油气区块想象空间小，未探明的油气区块想象空间大，因此油气上市公司的股价因预期和朦胧消息大幅波动的事很常见。预估油气资源量给投资者带来乐观情绪很常见。尽管预估油气资源量给投资者带来乐观情绪和想象空间，但是，勘探和开采实际结果受许多现实条件限制。

二、HRT 公司油气勘探失败的故事——曾经很成功的行业专家主持勘探也不能保证勘探成功

HRT Participacoes em Petroleo S.A.（以下简称 HRT 公司）在巴西拥有一家大型的独立石油和天然气勘探及生产公司。该公司在 Solimões 海盆拥有 21 号勘探区块 55%权益。HRT 公司还运营纳米比亚近海 10 个勘探区块油气勘探：在橘子（Orange）海盆有 8 个区块，在鲸子（Walvis）海盆有 2 个区块。HRT 公司拥有一支地球化学、地球物理学、生物学和工程学博士、硕士高学历的专业技术队伍，这支专业技术团队的多数成员来自巴西国家石油公司和 ANP（巴西石油机构）。HRT 公司在巴西和加拿大多伦多两地上市，在加拿大多伦多上市时间是在 2011 年（股票代码：HRP）。

尽管 HRT 拥有很强的专业技术团队，也有丰富的勘探经验，但是多年不被投资者看好，该公司股票在多伦多证券交易所挂牌交易后不久一直在走下降通道。时间到了在纳米比亚海域勘探区块要开钻前，该公司股份在多伦多证券交易所创业板交易的价格为 1 加元多。开钻消息的公布给公司股价带来利好，股价有小幅上涨，随后小幅下滑等待结果。图 1-5 是在多伦多证券交易所创业板 HRT 股价走势。

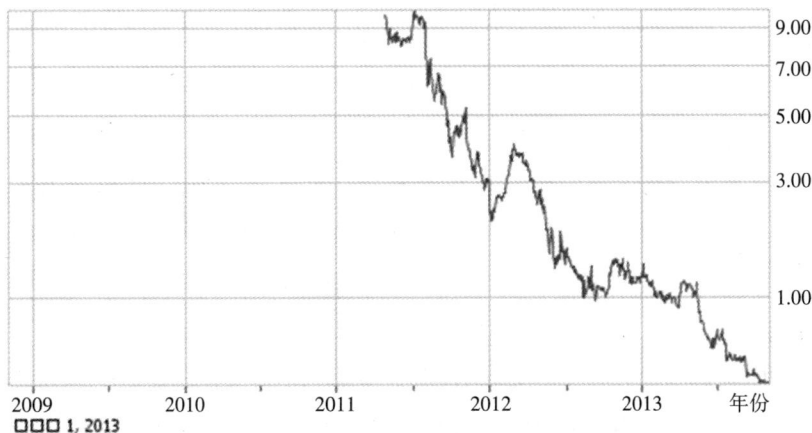

图 1-5　HRT 股价走势

资料来源：http://www.stockhouse.com.

投资者对 HRT 勘探消息没有充分炒作，其主要原因：

（1）虽然是成功的油气勘探专家，但当时位于纳米比亚海上要勘探的区块是个处女地，没有人在那个海域钻探过，该专家只是应用地球板块理论进行对比分析，从理论上推测该勘探区块的地质构造有油气成藏的可能，需要钻井去验证。

（2）用作对比的对象——巴西海域油气勘探公司 OGX 的勘探结果显示与原先估计的差别很大，也在提醒投资者不要对纳米比亚海上区块的勘探寄托太多希望。

HRT 公司首席执行官马尔西奥（Marcio）是位石油勘探专家。据美国投资咨询网络广播主持人拜伦·金（Byron King）介绍，马尔西奥拥有地球化学专业博士学位，曾在巴西国家石油公司 Petrobras 工作过 25 年，那时他主管 Petrobras 在 Rio de Janeiro 的研究中心。马尔西奥写过几本石油研究著作，其中在 2001 年，他写了一本石油勘探方面的专著，探讨石油勘探领域的"被动"构造背景，即《大西洋西边缘石油构造系统》。在纳米比亚近海钻探之前，马尔西奥在深海石油勘探研究方面取得了很大成就。巴西国家石油公司 Petrobras 按马尔西奥的深钻主张花 2.4 亿美元巨资在巴西近海某一大片区域钻一口勘探井，探测盐下层系，这口矿井叫 Tupi，结果找到 80 亿桶原油，打开一个全新的石油勘探区域。

HRT 公司在纳米比亚海域的勘探计划获得葡萄牙国家石油公司 GALP 的支持，作为合作伙伴 GALP 出资 5100 万美元参与勘探。

2012 年 11 月 22 日，HRT 公司公布了著名的油气储量评估公司戴高礼与乐端《关于纳米比亚海域的勘探区块油气远景资源量的评估报告》。该报告基于新的三维地震资料，确认 HRT 公司的纳米比亚近海勘探区块（石油勘探许可证号：PEL22、23、24、28）新的油气远景资源量。此次评估利用 2011~2012 年期间 HRT 公司采集和处理获得非常好的三维地震数据，并对前次评估结果作了重要修正，获得了新的油气远景资源量评估结果。HRT 公司的纳米比亚近海勘探区块（石油勘探许可证号：PEL22、23、24、28）新的油气远景资源量：净潜在资源量——地质风险未估的概率法估算量平均值（The Net Risked Pmean Potential Resource Volume，笔者注：Pmean 意思是用概率法估算后取平均数）为 74 亿桶油当量（BOE），其中 51 亿桶油当量为原油和凝析油，23 亿桶油当量为伴生气和非伴生气。

HRT 公司纳米比亚近海勘探区块的勘探目标基于构造背景、沉积环境、储集层、油源四大主控因素的分级评价后确定。

（一）勘探目标之一：Wingat Prospect 位于纳米比亚共和国鲸海盆（Walvis Basin）23 号勘探许可区块 PEL-23

预探井：Wingat-1 位于大约 200 千米沃尔维斯湾（Walvis Bay）西北部。勘探区域水深 1034 米，预探井要验证一个细长的复合圈闭，这个圈闭为一个面积达 381 平方千米并有油气资源潜力（概率 10%）的区域，在这个区域中有一个面积达 42 平方千米的有四面的构造圈闭。这口矿井的主要目的是验证 Albian（地质年代）碳酸盐岩平台地层的油气资源潜力，一套叠前深度偏移地震三维采集数据显示该地层有显著的地震振幅异常。

（二）勘探目标之二：Murombe Prospect 位于纳米比亚共和国鲸海盆（Walvis Basin）23 号勘探许可区块 PEL-23

预探井：Murombe-1 井位于西北沃尔维斯湾 220 千米，水深 1391 米。这口井距离 HRT 公司第一口矿井 Wingat-1 东边 15 千米，钻头穿过两种优质产油源岩，从产油源岩中收集到烃类液体。Murombe-1 井将验证面积达 1000 平方千米的海盆底扇形面区域，这个区域位于一个四面下陷的构造圈闭上方，其具体位置处于浊流岩体的最高处。这口矿井的主要目的是验证 Barremian（地质年代）浊流岩储层的油气资源潜力，一套叠前深度偏移地震三维采集数据显示该地层有显著的地震振幅异常。第二个验证目标是比较浅地层，钻头将穿透 Santonian（地质年代）Baobab 地层，该地层拥有通道系统和浊积岩储层，处于两种产油源岩之间。

（三）勘探目标之三：Moosehead Prospect 位于纳米比亚共和国橘子海盆（Orange Basin）24 号勘探许可区块 PEL-24

预探井：该 Moosehead-1 井位于纳米比亚吕德里茨（Lüderitz）西南 197 千米，距离库都（Kudu）天然气聚积西北 100 千米。Moosehead-1 井将验证一个地质年代为白垩纪、面积达 546 平方千米四面下陷的构造圈闭，利用一套叠前深度偏移地震数据形成三维图景。这口矿井的主要目的是验证 Barremian（地质年代）碳酸盐岩油气藏，预计相当于巴西和安哥拉的"盐下"油气藏。钻头将穿过一些烃源岩，包括白垩纪早期（Aptian）烃源岩，依据 HRT 公司地球化学模型推测这种烃源岩是产油源岩。

结果 3 口井勘探结果令投资者失望。3 口井勘探时间和结果如下：

2013 年 5 月 20 日，HRT 公司宣布第一口预探井钻探过程发现原油，但是没有商业开采价值。第一口井钻深达 5000 米。

2013 年 7 月中旬，HRT 公司宣布第二口预探井钻完后发现是空井。

2013 年 9 月 9 日，HRT 公司宣布第三口预探井钻完后发现是空井。

2013 年 9 月 10 日，HRT 公司在纳米比亚近海钻探结果令投资者失望，当日该公司在多伦多证券交易所创业板挂牌股票的股价放量大跌，跌幅达 42.3%，收盘价为 0.225 加元，成交量 1030 万股。

（四）对投资者的启示

美国投资咨询网络广播主持人拜伦·金认为，HRT 公司一旦钻到石油，该公司的股票价格将大涨，回报丰厚。尽管他多年跟踪报道 HRT 公司勘探活动并极力推荐该公司股票，但是他也经常提醒投资者，勘探具有很多风险。"玩这种股票，输得起你就玩"，也许回报会改变你一生。

海上油气勘探费用高，风险大。损失几千万美元的事并不少见。

HRT 公司纳米比亚近海勘探区块的勘探结果出现了勘探风险提示中提到的情况：条件潜在资源量和远景资源量有很大的不确定性，仅仅是依据推测获得结果，这个推测结果可能被后来钻探证明是不对的。

三、美国油气勘探公司失败的故事——油气勘探遇到贫油情况的许多故事之一

在油气勘探行业，有许多大大小小不成功的例子，前述列举的 OGX 公司和 HRT 公司石油勘探失败的例子是失败得比较惨烈的例子，因投资的规模大，损失的资金多。不少的石油勘探公司在石油勘探过程遇到了贫油的勘探区块，投资这种勘探区块就像吃鸡肋，食之无味，弃之可惜，对投资者来说也是进退两难。这类公司名字可以列出一大串。一家美国石油勘探公司在石油勘探过程遇到了贫油的勘探区块的例子有一定的代表性，也是合作勘探石油的故事。一家始终没有透露名字的美国大石油公司看中一家小石油勘探公司，公司虽小，但勘探区块的面积很大，两家合作勘探，花了 4100 万美元在三维地震数据采集、9 口勘探直井和 3 口勘探水平井上。第一期合作勘探活动结束后发现勘探区块是贫油区块，后来美国大石油公司坚决放弃继续合作勘探，甘愿损失几千万美元。

2013 年 1 月 4 日，石油公司 Primary 宣布（多伦多证券交易所创业板上市，原股票代码：PIE）完成在美国蒙大拿州西北阿尔伯塔盆地南部勘探目标地的第

一期勘探计划，花费了 4100 万美元。该计划内容包括 246 平方千米有特点的三维地震数据采集、9 口直井，其中 7 口直井用于获得地层信息和识别潜在的储层，并钻 3 口水平井。将原有二维数据和新采集的三维地震数据以及新的钻井数据综合起来分析，这将有助于确定未来勘探业务的重点。水平井完成情况：3 口水平井已经完成，按钻井作业试点方案在特定的地层进行了测试，测试结果发现有油气显示。3 个特定的地层都被认为是压力正常，其来源是巴肯系统。1 号水平井：Nisku 组（晚泥盆统），成功完成九段压裂，总长 0.94 千米，共挤入压裂液体 13000 桶和 745000 磅沙。按 55% 已回收的压裂液计算，该井日流回 50~200 桶压裂液，只含一点油迹。2 号水平井：上 Potlatch 碳酸盐岩大谷区组（巴肯系），成功完成九段压裂，总长 0.81 千米，共挤入压裂液体 14000 桶和 835000 磅沙。按 27% 已回收压裂液计算，该井日流回 60~100 桶压裂液，含油 10%。3 号水平井：Basal Lodgepole 组（巴肯系），成功完成 17 段压裂，总长 1.2 千米，共挤入压裂液体 30000 桶和 1650000 磅沙。该井压裂液回流和含油气的结果不详。2013 年 2 月 1 日，该公司从勘探合作方获知，勘探合作方不再继续进行合作勘探区块的勘探业务。

油气勘探成功不是一件容易获得的事情。对于油气勘探成功率为多少的问题，油气行业目前没有定论，笔者收集了一些资料供读者参考。"勘探具有高风险，风险与机遇并存，没有一定工作量支撑是很难取得成功的（王涛）。"王涛在《90 年代初如何艰难勘探开发塔里木石油》一文中提到，世界石油勘探史上不乏这样的例子，像世界油田最多的沙特阿拉伯，在勘探初期，油田在钻完第 7 口探井时才发现。世界著名的北海油气区，从 20 世纪 60 年代开始勘探，在 32 口探井全部落空后，石油公司正在准备退出时，第 33 口井却发现油田。王涛还列举了国内例子：海南福山坳陷面积只有 1100 平方千米，其中陆地占 800 平方千米左右，早期勘探集中在西部美台等地区，打了不少探井，发现了一些稠油，当时认为无工业价值而放弃了。1985 年，公司与澳大利亚 CSR 东方石油等 4 家外国公司合作勘探，完成钻探井 5 口，评价井 1 口，获得工业油流井 2 口，发现了金凤含气构造，不过因产量递减快，不具工业开发价值，1988 年外方放弃合作。1993 年开始，中方开始自营勘探，经过四年努力发现了花场油田，后又发现了花东、白莲、红光等油气田。2008 年油气产量已过 30 万吨油当量，并为年产 50 万吨油当量产能建设奠定了资源基础。

油气勘探投资是高风险、高投入的，全世界从事这项投资成功的不过10%[①]。

关于海洋石油勘探钻井成功率，据美国探索发现频道海洋石油勘探开发专题节目介绍：钻3口井有1口井是干井。

渤海湾勘探钻井成功率达到50%，远高于外资预测的30%（渤海湾油气探测和开采背景介绍——作为一位曾经的工作者）。

油气勘探失败的故事给投资者一个提醒：油气勘探是一项风险事业，投资者就是有再大的能力，也无法凭主观意愿把"风险"两字从"风险事业"中去掉。

油气勘探成功和失败的故事总是在油气行业不断上演，这对油气行业投资者来说既是挑战也是机会。投资者只有深刻领悟油气勘探成功的真谛和失败的原因，才能减少投资失败的可能性，增加投资成功的机会。

① 莱尔歇. 油气勘探中的地质风险和不确定性 ［M］. 赵贤正译. 北京：石油工业出版社，2004.

第二章　油气资源和储量分类以及
信息披露

　　内容提示：油气公司的重要资产和发展潜力体现在油气储量和资源量上，投资者看油气公司投资价值的重要途径是分析油气公司的油气储量和资源量。

　　油气储量和资源量的信息对油气资产投资者是很重要的，因为油气储量和资源量的信息是油气资产投资分析的基础数据。但是，投资者不能只看油气储量和资源量的表面数字，真正考验投资者能力的是对油气储量和资源量数字背后隐含的价值、不确定性和风险的认识。所以，投资者要想准确理解油气储量和资源量概念，需下一番工夫了解油气资源和储量分类标准及信息披露规则。上市公司所在的国家不同，油气资源和储量分类标准及信息披露规则也不同。不同国家有不同版本的油气资源和储量分类标准及信息披露规则，本章利用上市公司储量和资源量的信息公告例子，简单、直观地介绍中国、加拿大和美国（以下简称"三国"）的油气资源和储量分类标准及信息披露规则。

第一节　各国的油气资源和储量分类标准及
信息披露规则有差别

　　油气储量和资源量的信息在油气资产投资分析中的重要性体现以下几个方面：①油气储量和资源量是油气勘探开发追求的目标，是油气勘探开发结果的体现。②油气储量是油气公司的核心资产，是油气开发投资的基石，是衡量油气公司价值和成长的重要指标。③上市油气公司油气储量和资源量评估信息的披露直接影响着上市油气公司的价值和股票价格，油气储量及其价值的变动很大程度上预示着油气上市公司投资价值的变化。所以西方发达国家很重视油气储量和资源量信息披露规则的制定，并随油气行业情况的变化而不断改进和完善。

投资者需要注意不同国家的油气资源和储量分类标准的应用规定。各国的油气资源和储量分类标准及信息披露规则是油气上市公司编制储量和资源量报告时要用的官方语言。"三国"的储量和资源量报告规则的管理机构、分类标准和信息披露规则，如表2-1所示。

表2-1 "三国"管理机构的标准或规则

国家	管理机构	标准或规则
美国	美国证券交易委员会	联邦法规17CFR210、211等
加拿大	加拿大证券监管机构 加拿大石油评估工程师协会（卡尔加里章程） 加拿大采矿、冶金和石油协会（石油协会）	国家准则51-101（NI51-101） 加拿大油气评估手册（COGE手册）
中国	国土资源部 中国证监会	GB/T19492-2004石油天然气资源/储量分类 《石油天然气储量计算规范》 尚无专门的油气信息披露准则

在多个国家上市的油气公司，在披露油气储量和资源量时需要根据具体情况决定使用哪一国家的油气资源和储量分类标准及信息披露规则。例如，被中海油收购之前的尼克森，专注于常规油气、页岩气、油砂勘探与开发，是一家位于加拿大的独立的全球性能源公司，在多伦多和纽约证券交易所上市。截至2011年12月31日，依据美国证券交易委员会规则估算，尼克森拥有9亿桶油当量的探明储量及11.22亿桶油当量的概算储量。此外，根据《加拿大国家油气储量评估标准51-101》的规定，截至2011年12月31日，尼克森还拥有以加拿大油砂为主的56亿桶油当量的条件潜在资源量。

在多个国家上市的油气公司采用什么样油气资源和储量分类标准，信息披露遵守什么样的规则，这些都需要经过上市地所在国的政府证券监管机构同意，除非可以获得上市地所在国政府证券监管机构的豁免。例如，2013年9月23日中海油宣布多伦多证券交易所已于香港时间2013年9月18日批准了公司的美国存托凭证（ADR）在多交所挂牌交易。中海油实现了在内地、中国香港、美国和加拿大四地上市。ADR通常用于国外发行的证券在美国进行交易。在多伦多证券交易所发行的ADR以同样的形式进行交易，证券计价的货币为加元。一股中海油的 ADR 相当于 100 股在香港发行的普通股。根据阿尔伯塔省和安大略省证券监管委员会的决议，中海油已被豁免遵守《加拿大国家油气储量评估标准 51-101》规定的各种披露要求，允许中海油根据美国证券交易委员会、美国证券交易法等一系列"美国规则"来提供公司的油气经营情况。中海油有关油气活动的披露遵守美国的规则，而非加拿大的规则。

第二节 中国油气资源和储量分类标准及信息披露规则

中国油气资源和储量分类的国家标准：《石油天然气资源/储量分类》（GB/T 19492-2004）。2005 年，中国颁布了国家地质矿产行业标准《石油天然气储量计算规范》。目前，中国油气上市公司披露信息遵循上市公司通用的信息披露规则，中国还没有专门针对油气上市公司油气业务活动信息披露的规则。中国油气上市公司业务活动的信息披露存在以下两个问题：一是油气上市公司尚无油气行业信息披露的统一标准，只是按自己的意愿披露油气活动信息，由此造成投资者对油气上市公司进行比较很有难度；二是与美国、加拿大油气上市公司比较，中国上市公司油气业务信息披露很不充分，达不到投资者对油气上市公司进行投资价值分析的需要。

以下新闻报道的例子有助于读者比较直观地了解中国的油气储量分类。2007 年 5 月，《国企》杂志记者余芳倩等人报道：2007 年 5 月 3 日，中国石油天然气股份公司（简称中石油）宣布，"在渤海湾冀东滩海地区发现地质储量规模达 10.2 亿吨的大油田——冀东南堡油田"。以下内容摘自该报道文章："10 亿吨储量概念是什么？"中石油公告指出："经钻井发现基本落实三级油气地质储量（油气当量）10.2 亿吨。其中探明储量 40507 吨，控制储量 29834 吨，预测储量 20217 吨。天然气地质（溶解气）储量 1401 亿立方米（折算油气当量 11163 吨）。"

（一）上述报道中几个与油气储量相关的概念

一般来说，油气资源/储量的分类是在勘探开发各阶段，主要依据油气藏（田）的勘探开发程度、地质可靠程度和产能证实程度而进行的分类。按照中国油气资源/储量分类标准，储量是地质储量和可采储量的统称。可采储量又是技术可采储量和经济可采储量的统称。为了达到引文准确的目的，上述报道提到与储量相关概念的定义和解释摘自中国油气储量和资源分类国家标准的原文：

5.2.2　地质储量（即已发现原地资源量）：是指已发现油气藏（田）中原始储藏的油气总量，是在钻探发现油气后，根据已发现油气藏（田）的地震、钻井、测井和测试等资料估算求得的。地质储量分为探明地质储量、控制地质储量和预测地质储量。

5.2.2.1　探明地质储量：是指在油气藏评价阶段，经评价钻探证实油气藏（田）可提供开采并能获得经济效益后，估算求得的、确定性很大的地质储量，其相对误差不超过±20%。探明地质储量的估算，应查明了油气藏类型、储集类型、驱动类型、流体性质及分布、产能等；流体界面或油气层底界应是钻井、测井、测试或可靠压力资料证实的；应有合理的井控程度（合理井距另行规定），或开发方案设计的一次开发井网；各项参数均具有较高的可靠程度。

5.2.2.2　控制地质储量：是指在圈闭预探阶段预探井获得工业油（气）流，并经过初步钻探认为可提供开采后，估算求得的、确定性较大的地质储量，其相对误差不超过±50%。控制地质储量的估算，应初步查明构造形态、储层变化、油气层分布、油气藏类型、流体性质及产能等，具有中等的地质可靠程度，可作为油气藏评价钻探、编制开发规划和开发概念设计的依据。

5.2.2.3　预测地质储量：是指在圈闭预探阶段预探井获得了油气流或综合解释有油气层存在时，对有进一步勘探价值的、可能存在的油（气）藏（田），估算求得的、确定性很低的地质储量。预测地质储量的估算，应初步查明构造形态、储层情况，预探井已获得油气流或钻遇了油气层，或紧邻在探明储量（或控制储量）区并预测有油气层存在，经综合分析有进一步评价勘探的价值。

2.2　可采量：是指从油气的原地量中，预计可采出的油气数量。在未发现的情况下，称为可采资源量；在已发现的情况下，称为可采储量。

2.4　储量：是地质储量和可采储量的统称。可采储量又是技术可采储量和经济可采储量的统称。

2.5　技术可采储量：是指在给定的技术条件下，经理论计算或类比估算的、最终可采出的油气数量。

2.6　经济可采储量：是指在当前已实施的或肯定要实施的技术条件下，按当前的经济条件（如价格、成本等）估算的、可经济开采的油气数量。

采收率＝可采储量/探明储量

（二）几个概念之间的关系

地质储量＝探明储量＋控制储量＋预测储量。中石油公告指出："经钻井发现基本落实三级油气地质储量（油气当量）10.2亿吨。其中探明储量40507吨，控制储量29834吨，预测储量20217吨。天然气地质（溶解气）储量1401亿立方米（折算油气当量11163吨）。"

可采储量＝探明储量×采收率。"根据公告，南堡油田探明地质储量是4.05亿吨。如果按照30%~40%的采收率，可采储量为1亿多吨"。

2007年5月，《国企》杂志记者余芳倩等人还采访了一些石油行业专业人士，请专业人士谈对中石油储量公告的解读，其中有两位专家的解读加深了投资者对储量概念的理解，现将其摘要如下：

（1）原地质矿产部副部长张文驹："根据公告，南堡油田探明地质储量是4.05亿吨。如果按照30%~40%的采收率，可采储量约为1亿多吨。"他指出，很多非专业人士把"10亿吨的储量规模"直接当成可以全部开采出来的原油产量，这是一种误读。

（2）某位不愿透露姓名的专家和张文驹的观点类似。"探明可采储量1亿吨以上就算是大油田了。所以这肯定是一个鼓舞人心的大发现。"但他也表示："实际能够开采出来的原油可能高于1亿吨，也可能低于1亿吨。这取决于进一步的勘探开发工作是否能将控制储量和预测储量转化为探明储量。"

投资者阅读油气公司油气地质储量的信息公告时，除了可参照中国国家标准GB/T 19492-2004石油天然气资源/储量分类，还可以参考国土资源部2005年4月发布的《石油天然气探明储量报告编制暂行规定》。

从如何估算的角度来说，地质储量是在钻探发现油气后，根据已发现油气藏（田）的地震、钻井、测井和测试等资料估算求得的已发现油气藏（田）中原始储藏的油气当量。中国的石油天然气探明储量报告有三个重要数据：地质储量、技术可采储量和经济可采储量。《石油天然气探明储量报告编制暂行规定》提到了这三个重要数据计算方法和要求。该规定提到地质储量、技术可采储量和经济可采储量的计算方法和要求，以下是这部分的内容：

2.5 地质储量与技术可采储量

2.5.1 地质储量

储量计算结果可使用文字叙述其合计数，具体数据应列表表述，包括原油、天然气、溶解气、凝析油等，采用体积单位与重量单位两种形式表述。

复、核算储量应论述复、核算前后储量参数的变化情况及对储量变动的影响。

2.5.2 技术可采储量

1) 计算方法。

技术可采储量计算方法根据《石油可采储量计算方法》（SY/T 5367-1998）、《天然气可采储量计算方法》（SY/T 6098-2000）选择确定，并注明公式中符号的名称、单位。根据选定的方法编写。

阐述油（气）藏的开采机理，包括驱动类型、开采方式、井网与井距等。

采收率计算方法的选择依据及方法中有关参数的确定原则与合理性等。如采用类比法，应列出与其类比的油（气）田有关参数的对比；如采用经验公式法，应说明选择的经验公式的来源、应用条件与可信度等。如采用数模法，应论证参数选取的合理性。

论述动态法的适用条件和取值原则等。

2) 技术可采储量计算结果，包括原油、天然气、溶解气、凝析油等。

2.6 经济可采储量与剩余经济可采储量

2.6.1 开发可行性评价

1) 储量综合评价。

根据规范要求对油（气）藏的储量可靠性做出评价，并对储量规模、丰度、埋藏深度、储层物性等作出评价分类。

2) 产能评价。

根据试油、试采成果，论证平均有效厚度及合理工作制度下的单井产能和平均递减率等。

2.6.2 经济可采储量

1) 计算方法。

论述经济可采储量计算方法的选择，包括类比法、现金流法及经济极限法等。根据选择的计算方法编写报告。

2) 类比法。

a) 同类油（气）藏类比法。

列出与其类比的油（气）藏有关参数的对比。

b) 商业油（气）流类比法。

根据产能评价结果与商业油（气）流进行比较。

c) 确定经济采收率，计算经济可采储量。

3) 现金流法。

a) 根据开发方案或开发概念设计，预测有关的开发指标并进行投资估算。

b) 经济指标（成本、价格、税率及折现率）。

c) 确定经济采收率，计算经济可采储量。

4) 经济极限法。

a) 经济极限确定。

b) 动态方法的选择包括产量递减曲线和水驱曲线等。

c) 计算经济可采储量。

2.6.3 剩余经济可采储量与次经济可采储量

根据技术可采储量、经济可采储量计算结果与累计核实产量，求得剩余经济可采储量与次经济可采储量等。

（三）中国油气资源分类

从上市公司潜能恒信的公告看中国油气资源量概念。潜能恒信 2014 年 9 月 17 日公告，公司海外孙公司智慧石油与中国海油签订《中国渤海 05/31 合同区石油合同》，智慧石油成为合同区内勘探、开发、生产的作业者。智慧石油在七年勘探期内享有该区块 100% 勘探权益，并承担全部勘探费用（约 7000 万美元），如合同区内有商业油气发现，智慧石油享有 49% 的开采权益。潜能恒信预估，该合同区油气总资源量超过 3 亿吨（21 亿桶），规划勘探期探明油气地质储量 5000 万~10000 万吨（4.5 亿~7 亿桶），预计建成油气年生产能力 50 万~200 万吨。

潜能恒信在公告中指出，合同勘探期整体时间为七年，当时对合同区的油气总资源量、规划探明油气地质储量及预计建成油气年产量的预估仅为公司内部地质、油藏专家团队根据该区块公开资料及区块周边探明情况预估，认为具有潜力才参与投标，并未聘请权威第三方进行评估，尚存在较大不确定性。实际油气资源量将根据勘探最终结果确定。发现储量是否具有经济可采性也存在不确定性，有待勘探及钻井结果确认。

从以上公告中可以知道油气资源量的来源：公司内部地质、油藏专家团队根据该区块公开资料及区块周边探明情况预估。

潜能恒信在公告中提到在未发现油气的地方估算出的油气资源量，这个含义可以参照以下几个概念的定义和解释①。

2.1 原地量：是指地壳中由地质作用形成的油气自然聚集量，即在原始地层条件下，油气储集层中储藏的石油和天然气及其伴生有用物质，换算到地面标准条件（20℃，0.101MPa）下的数量。在未发现的情况下，称为原地资源量；在已发现的情况下，称为原地储量，特称地质储量。

5.2.1 总资源/储量（即总原地资源量）：是指已发现的和未发现的储集体中原始储藏的油气总量，根据不同勘探开发阶段所提供的地质、地球物理与分析化验等资料，经过综合地质，选择运用具有针对性的方法所估算求得的。总原地资源量分为地质储量和未发现原地资源量。

5.2.3 未发现原地资源量：是指对未发现的储集体预测求得的原始储藏油气总量。分为潜在原地资源量和推测原地资源量。

5.2.3.1 潜在原地资源量：是指在圈闭预探阶段前期，对已发现的、有利含油气的圈闭或油气田的邻近区块（层系），根据石油地质条件分析和类比，采用圈闭法估算的原地油气总量。

5.2.3.2 推测原地资源量：是指主要在区域普查阶段或其他勘探阶段，对有含油气远景的盆地、坳陷、凹陷或区带等推测的油气储集体，根据地质、物化探及区域探井等资料所估算的原地油气总量。推测原地资源量一般可用总原地资源量减去地质储量和潜在原地资源量的差值来求得。

从如何估算角度来说，总原地资源量是根据不同勘探开发阶段所提供的地质、地球物理与分析化验等资料，经过综合地质，选择运用具有针对性的方法所估算求得的已发现的和未发现的储集层中原始储藏的油气当量。

潜能恒信在公告中提到在未发现油气的地方估算的油气资源量，对照中国油气资源/储量分类标准，这个油气资源量是指潜在原地资源量和推测原地资源量。

① 摘自中国国家标准 GB/T 19492–2004 石油天然气资源/储量分类的原文。

第三节 加拿大油气资源和储量分类标准及信息披露规则

加拿大油气上市公司依据《加拿大国家油气储量评估标准 51-101》（以下简称加拿大 NI51-101）和加拿大油气评估手册（COGE 手册）的规定披露油气储量和资源量。加拿大 NI51-101 为油气业务活动信息披露设定了规则，这些规则包括年度报告的指引、发行人和董事会的职责、限制、信息披露要求以及重大事项披露。

加拿大 NI51-101 允许油气公司发行人在向加拿大证券监管机构报送材料中不仅可以披露探明储量和概算储量，还可以披露资源量，并可以按扣除矿区使用费（Royalty）前的总量披露储量和产量。多伦多证券交易所创业板已成为国际油气勘探中小公司融资中心之一。加拿大国家油气储量和资源量的报告规则对油气活动信息披露的规定比美国证券交易委员会的规定宽泛，适应中小油气勘探公司的业务特点，促进了多伦多证券交易所创业板成为国际油气勘探中小公司的融资中心之一。

一、加拿大油气储量的分类和信息披露规则简介

（一）简介

专栏 2-1

加拿大 NI51-101 和 COGE 手册中与储量分类和
信息披露规则相关的内容提要

目的：从事油气业务的发行人向对口的加拿大证券监管机构报告信息

储量：探明储量和概算储量应披露，可能储量披露自定

储量价值估算：

　　未来收入的净现值

　　——未折现、5%、10%、15%、20% 折现率

————预测价格和成本

————未来收益（扣税前和扣税后）

单位价值披露（加元/千立方英尺或加元/桶）

————10%折现率

————未来收益（扣税前）

预测：预测价格和成本——合理的未来预测按普通情况下未来价格和成本来考虑

常规和非常规：

非常规矿种：升级重油、SAGD重油、煤层气、页岩油和页岩气

开发：

未开发储量——可行的投资回报作为资本支出的条件；否则只能作为条件潜在资源

开发时间长度

————未开发的探明储量，时间长度定为3年

————概算储量，时间长度定为5年

————可能储量，不定时间长度，但要具体说明

资料来源：美国 Ryder Scott 公司职业工程师 Dean Rietz 2012 年 9 月文稿。

（二）实例

国内上市公司湖北国创高新材料股份有限公司 2014 年 4 月 3 日信息公告公布了该公司加拿大油气项目的油气储量。根据加拿大 NI51-101 对石油和天然气资源披露的规定，DeGolyer & MacNaughton Canada 公司对 Sahara Energy 公司老区块进行了储量估算。具体情况如表 2-2 所示。

表 2-2　信息披露

石油储量分类	截至 2013 年 12 月 31 日剩余可采储量（bbl）		税后销售收益净现值（千加元）				
	轻质油	重质油	0%	5%	10%	15%	20%
探明已开发							
在产	1717	6936	118	107	98	98	84
非在产	—	2679	10	7	6	4	4
探明未开发	—	17760	358	304	259	233	192

石油储量分类	截至 2013 年 12 月 31 日剩余可采储量（bbl）		税后销售收益净现值（千加元）				
	轻质油	重质油	0%	5%	10%	15%	20%
总探明	1771	27375	250	204	167	137	112
概算	574	355869	7879	591	4540	3553	2820
总探明+概算	2291	383244	8129	6115	4707	3690	2932
可能	574	59878	1109	718	482	330	228
总探明+概算+可能	2865	443122	9238	6833	5189	4020	3160

二、加拿大油气资源分类和信息披露规则简介

(一) 简介

加拿大油气资源分为两类：一类是条件潜在资源（Contingent Resources）；另一类是远景资源（Prospective Resources）

本书参照石油资源管理系统（PRMS）美国华人中文译者对英文 Contingent Resources 的中文翻译，把它译为"条件潜在资源"。Contingent Resources 的内涵是指钻探发现油气以后，由于存在市场、开采技术和商业性规模等不确定因素，暂不完全符合储量四个要素的那部分储量，中国现行的资源/储量分类也无法涵盖这一类别。Contingent Resources 强调开发条件而非强调油气是否存在的可能。

条件潜在资源量是指截至某个日期，若利用现有技术或将来可用的技术开发，从已知的油气聚集中采收的油气估算量，但因一个或多个条件尚未成熟，现时无法确认这部分油气聚集可商业开采。与条件潜在资源直接相关的开发机会受诸多因素影响（经济、政府管制、市场、基础设施和公司能力或者政治风险）。这些估算未对开发机会进行风险判断。目前无法确定条件潜在资源将来能否得到开发，若可开发，也不能确定什么时间得到开发，或者有多少条件潜在资源可商业开采。

远景资源量是指截至某个日期，在未来实施项目开发条件下从尚未发现的油气聚积中采收的油气估算量。远景资源有两个机会：一个是与远景资源直接相关的发现机会（地质的成功发现机会），另一个是开发机会（受经济、政府管制、市场、基础设施、公司能力及政治风险等因素影响）。商业开采机会是这两个有风险的机会同时起作用的结果。这些估算未对发现机会或开发机会进行风险判断。目前还不能确定有多少远景资源将被发现。若有发现，也无法确定什么时间

得到开发,或者有多少远景资源可商业开采。远景资源是未被发现的资源,只表明在发现后又可商业开采的情况下开发的资源潜力,而不应被当作储量或者条件潜在资源。

油气上市公司披露油气资源量时还要披露以下内容:

(1) 低估算量,被认为是实际可采出的保守估算量。实际剩余可采出量很可能将超过低估算量。如果用概率法,可表述为实际采出量等于或超过低估算量的概率至少应为90%,用P90来表示概率90%。

(2) 最佳估算量,被认为是实际可采出的最佳估算量。实际剩余可采出量有可能小于最佳估算估量。如果用概率法,可表述为实际采出量等于或超过最佳估算量的概率至少应为50%,用P50来表示概率50%。

(3) 高估算量,被认为是实际可采出的乐观估算量。实际剩余可采出量不太可能超过高估算量。如果用概率法,可表述为实际采出量将等于或超过高估算量这样的概率至少应为10%,用P10来表示概率10%。

(4) 平均估算量,是概率法估算量的算术简单平均数。

(二) 实例

2014年8月20日,西部赞果斯资源公司 (Western Zagros) (在多伦多证券交易所创业板上市,股票代码:WZR) 发布信息公告,公布了在伊拉克库尔德地区库尔达米尔区块 (Kurdamir Block) 进行了6年油气勘探后获得的条件潜在资源量和远景资源量 (见表2-3、表2-4)。该公司估计,截至2013年3月31日库尔达米尔区块拥有条件潜在资源量近10亿桶油当量 (BOE) (估算结果基于算术平均法)。另外,在库尔达米尔区块3个复型油藏具有很好的勘探潜力,估计还拥有远景资源量16亿桶油当量 (估算结果基于算术平均法)。该公司的油气资源量经油气评估咨询公司 Sproule International Limited 根据加拿大 NI51-101 和加拿大油气评估手册 (COGEH) 的规定独立审计过。

西部赞果斯资源公司在伊拉克库尔德地区库尔达米尔区块勘探获得的条件潜在资源量近10亿桶油当量和远景资源量16亿桶油当量是如何获得的呢?西部赞果斯资源公司在伊拉克库尔德地区库尔达米尔区块进行油气勘探的时间长达近六年,主要地质工作是地震三维信息采集和钻了3口矿井。以下是3口矿井的钻探结果。

表 2-3　地质风险已估的条件潜在资源

已估地质风险的条件潜在资源①②	勘探目标	储层	油气类型	低估算 P90（1C）	最佳估算 P50（2C）	高估算 P10（3C）	平均估算量 平均值
			单位	百万桶/ 亿立方英尺	百万桶/ 亿立方英尺	百万桶/ 亿立方英尺	百万桶/ 亿立方英尺
库尔达米尔区块渐新世储层原油、天然气和凝析油	库尔达米尔	第三纪渐新世	原油	220	366	576	386
			溶解气	2110	3800	6260	4040
			伴生气	9990	14140	19260	14430
			凝析油	34	55	80	56
			百万桶油当量	456	720	1081	750
渐新世储层截至 2014 年 2 月 10 日，始新世储层截至 2013 年 2 月 8 日	库尔达米尔	第三纪始新世	原油	69	138	263	155
			溶解气	1150	2450	4800	2800
			伴生气	900	1300	1800	1300
			凝析油	2	3	5	3
			百万桶油当量	105	204	378	226
库尔达米尔原油总平均估值——总已估风险条件资源（百万桶）							541
库尔达米尔油气总平均估值——总已估风险条件资源（百万桶油当量）							976

注：①公布的资源量为对标定的储层进行估算后的总资源量，没有按本公司所拥有的权益或其他权益进行任何调整。如需了解产量分成合同中产量分成条款内容，请参阅 2013 年 3 月 22 日本公司的年度资料表（AIF），标题是"产量分成合同的概述、义务及收入"。

②天然气的地质风险已估的条件潜在资源总估算量已考虑到凝析油回收、地面损耗，扣除矿场自用的天然气。

表 2-4　已估的地质风险远景资源

已估地质风险的远景资源	勘探目标	储层	油气类型	低估算 P90	最佳估算 P50	高估算 P10	平均估值 平均值
			单位	百万桶/亿立方英尺	百万桶/亿立方英尺	百万桶/亿立方英尺	百万桶/亿立方英尺
库尔达米尔区块原油、天然气和凝析油	库尔达米尔	第三纪渐新世	原油	552	1004	1739	1084
			溶解气	5490	10330	18380	11290
渐新世储层截至 2014 年 2 月 10 日，始新世、白垩纪储层截至 2013 年 2 月 8 日			百万桶油当量	644	1176	2045	1272
	库尔达米尔	第三纪始新世	原油	31	91	202	107
			溶解气	500	1600	3500	1850
			百万桶油当量	39	118	260	138

续表

			低估算	最佳估算	高估算	平均估值
渐新世储层截至2014年2月10日，始新世、白垩纪储层截至2013年2月8日	库尔达米尔	白垩纪	原油	38	108	243	130
			溶解气	750	2250	5250	2750
			伴生气	65	140	260	155
			凝析油	2	4	8	4
			百万桶油当量	63	173	382	206
	库尔达米尔原油总平均值——总已估风险远景资源（百万桶）						1321
	库尔达米尔油气总平均值——总已估风险远景资源（百万桶油当量）						1616

1. 库尔达米尔 1 号井油气发现

2009 年，西部赞果斯资源公司的库尔达米尔 1 号井穿过渐新世（第三纪）、始新世（第三纪）和 Shiranish / Kometan（白垩纪）油气藏。在较浅的渐新世油气藏在 1900 米见油气显示，测试时见日产 2750 万立方英尺天然气和 1172 桶 API 61 度凝析油。库尔达米尔 1 号井预计将日产超过 5000 万立方英尺的天然气和 2240 桶凝析油。有证据显示，库尔达米尔 1 号井是巨大地质构造的一部分，这个构造向北部和西北部邻近勘探区块延伸。

2. 库尔达米尔 2 号井油气发现

2011 年 10 月开钻以后，库尔达米尔 2 号井钻至总深度约 4000 米，穿过 3 个堆叠油气藏。从底部到顶部，3 个地层的地质年代分别是 Shiranish、始新世和渐新世。测试时，库尔达米尔 2 号井日产 3450 桶 API 38 度原油和 880 万立方英尺天然气。

3. 库尔达米尔 3 号井油气发现

库尔达米尔 3 号井对渐新世油气藏进行钻杆测试 1~4 次，获得 API 37 度原油和水。地质解析：库尔达米尔 3 号井钻到了油和水界面，该界面至少在地下 2049 米深处。未来水平井可以增加原油在有裂隙的渐新世油气藏中的流动速度。

按加拿大规定，若油气田开发计划明确了，油气资源量应按照油气储量估算标准升级到地质储量类别。为进入开发阶段做准备，西部赞果斯资源公司在 2014 年 3 月举行了新闻发布会，会上公司管理层回答了投资者的提问，说到要等库尔德地区政府批准了商业开采计划，才把油气资源量按照油气储量估算标准转成地质储量级别。

投资者要详细了解"加拿大 NI51-101"，可参考《油气储量评估方法——石油学会（加拿大）1号专论》（第二版）。①

第四节　美国油气资源和储量分类标准及信息披露规则

2010 年 6 月 10 日，纽约证券交易所上市的公司康坦高石油与天然气公司（Contango Oil&Gas Company）（股票代码 NYSE Amex：MCF）公布消息，称该公司已经更新了其海上油气区块的油气储量信息（截止时间为 2010 年 6 月 1 日）。该公司油气储量更新报告提到，储量估算是严格按照美国证券交易委员会（SEC）的规定和美国石油工程师协会（SPE）的准则。SEC 规定油气上市公司不披露油气资源量信息。

以下是美国证券交易委员会的 17CFR210 规则中与储量评估相关的内容提要。

专栏 2-2

美国证券交易委员会 17CFR210 规则中与储量评估相关的内容提要

目的：在美国证券交易所上市的公司信息披露

储量：探明储量应披露，概算储量和可能储量自定

储量价值估算：

——可商业开采的资源是指其产出超过剩余的营业成本和资本支出

——基于现有经济条件

预测：

价格确定——12 个月平均价，按每月首日价格平均无加权

——增强了公司披露数据的可比性

——烫平了储量评估中日常价格的波动

——减少季节性影响

---

① Petroleum Society of the Canadian Institute of Mining. 石油工业出版社，2012.

> 不要求价格变动分析，但价格敏感性分析可自定
>
> **常规和非常规矿种：**
>
> **开发：** 未开发的探明储量，时间长度定为 5 年
>
> **"合理的确定性"：**
>
>> 高可信度（很大可能）可采出量
>>
>> 或者可采出量等于或大于估算量的概率至少应为 90%
>>
>> 若有更多地质技术、地质工程和经济数据，"最终采收量估计数大有可能增加或者保持稳定而不至于减少"

美国证券交易委员会（SEC）有关储量和资源量信息披露的规则不同于美国石油工程师协会（SPE）有关储量和资源量的规则。美国证券交易委员会规定上市油气公司不得披露油气资源量估算结果，认为推测性太强，可靠性低，容易误导投资者，容易引发投资者对上市公司的起诉。

投资者如要加深对美国证券交易委员会有关油气上市公司油气勘探开发活动信息披露规则的理解，可以参阅美国证券交易委员会 2009 年发布的《油气上市公司信息披露规则修改最后定稿的说明》，这是美国证券交易委员会 2009 年发布的新规则。在信息披露内容和披露方式上，2009 年发布的新规则与原来的版本相比有了重要修改，以适应现代油气行业的实际情况。美国证券交易委员会 2009 年发布的油气上市公司信息披露规则吸纳了加拿大油气勘探开发手册中的一些内容，同时不少概念和提法与石油资源管理系统（PRMS）一致起来。美国证券交易委员会的探明储量和概算储量定义不同于"加拿大 NI51-101"对探明储量和概算储量的定义。

美国油气上市公司向美国证券交易委员会备案的储量文件应有探明储量和探明储量价值 PV-10。比如，2010 年 6 月 10 日康坦高石油与天然气公司（Contango Oil & Gas Company）宣布，该公司已经更新了其海上天然气和石油储量评估结果，截至 2010 年 6 月 1 日天然气和石油储量如 2-5 所示。

从表 2-5 可以看出，该公司对油气田储量进行下调，净额为 485 亿立方英尺气当量，是由于新获得井底压力数据后重新估算的结果，新出现的情况是近期很多气井关闭和"P/Z 压力试验"结果显示"气藏"比原来估计的小。这个例子也说明：随着开发进一步深入，对油气储量情况的认识也深入了，油气公司依据新

表 2–5 天然气和石油储量

储量（10 亿立方英尺气当量）	税前 PV–10（千美元）①	税后 PV–10（千美元）②
2010 年 3 月 31 日	346.6	1065200	1402800
生产（4 月和 5 月）	(4.1)		
埃洛伊塞南储量	6.0		
下调净额	(48.5)		
2010 年 6 月 1 日	300.0	1033800	1338500

注：①假设纽约商品交易所油气平均价格为 4.50 美元 / 百万英磅，油价 75.00 美元/桶；②假设 2010 年 6 月 1 日纽约商品交易所油气 12 个月平均价格。

的认识对油气储量进行适当调整是很正常的事情。

为了国内投资者的需要，本书以马腾石油股份有限公司（以下简称马腾公司）油气储量估算做介绍。马腾公司是国内上市公司正和股份公司的收购对象。马腾公司油气储量估算是按照石油资源管理系统（PRMS）储量评估规定进行的，所以有必要简单介绍石油资源管理系统（PRMS），重点介绍该系统与储量相关的内容。

石油资源管理系统对储量进行分类，该分类主要是基于石油工程协会（SPE）、美国石油地址学家协会（AAPG）、世界石油大会（WPC）和石油评价工程师协会（SPEE）共同形成的分类体系。储量是在规定的条件下，从一个给定日期开始，通过对已知的石油聚集实施开发而预期可商业开采的石油量。储量必须进一步满足四个标准：已发现的、可开采的、具商业价值的和从既定开发项目实施起截止到评估日期而尚未产出的剩余量。评估师可用不确定性来评估可采量并对其分类。对于储量，一般的术语表示为 1P/2P/3P。资源评价的不确定性最好通过报告可能的结果范围来表达。然而，如果需要报告一个单一的有代表性的结果，"最佳估算"被认为是可采量的最现实的评估，即探明储量和可信储量（2P）的总和。

专栏 2–3

石油资源管理系统（PRMS）规则中与储量相关的内容提要

目的： 资源分类全球标准

储量： 探明储量、概算储量和可能储量

储量价值估算：

> 未来收入的正净现值，按公司的标准折现率
>
> 或无折现的正现金流量（见 3.1.1 条款）
>
> **预测：**
>
> 基于从现有条件开始考虑未来条件变化（见 3.1.2 条款）
>
> 现有条件是指过去 12 个月数据的平均值
>
> 可用可利用的预测数据（常用的数据——不考虑通胀或通缩）
>
> **常规和非常规矿种：**
>
> **开发：**
>
> 合理时间长度
>
> 设定参考时间长度：5 年（见 2.1.2 条款）
>
> 更长的时间长度也可能
>
> 资料来源：美国 Ryder Scott 公司职业工程师 Dean Rietz 文稿。

国内上市公司正和股份的收购对象是马腾公司。马腾公司油气储量估算是按照石油资源管理系统（PRMS）储量评估规定进行（参见 2014 年 2 月 10 日《海南正和实业集团股份有限公司拟收购马腾石油股份有限公司股权项目资产评估技术说明》）。

截至 2013 年 9 月 30 日，马腾公司油田最可能的原地资源量和储量（百万桶）如表 2-6 所示。

表 2-6　原地资源量和储量

油田名称	剩余可采储量							
	剩余探明储量（P1）		剩余探明可采储量（P1）	剩余可信可采储量（P2）	剩余可能可采储量（P3）	剩余探明可采储量（1P）	剩余探明可采储量+剩余可信可采储量（2P）	剩余探明可采储量+剩余可信可采储量+剩余可能可采储量（3P）
	已开发（PDP）	未开发（PUP）						
马亭	11.26	1.90	13.16	4.16	2.26	13.16	17.32	19.58
卡拉阿尔纳	15.65	3.04	18.69	4.53	7.18	18.69	23.22	30.40
东科阿尔纳	8.91	1.06	9.97	3.32	3.64	9.97	13.29	16.93
总计	35.82	6.00	41.82	12.01	13.08	41.82	53.83	66.91

资料来源：马腾公司资产评估报告。

从表 2-6 中可以看到石油资源管理系统（PRMS）用到与油气储量相关的

概念：

（1）已开发储量（PDP）；

（2）未开发储量（PUP）；

（3）探明可采储量（P1）；

（4）可信可采储量（P2）；

（5）可能可采储量（P3）；

（6）剩余探明可采储量（1P）；

（7）剩余探明可采储量+剩余可信可采储量（2P）；

（8）剩余探明可采储量+剩余可信可采储量+剩余可能可采储量（3P）。

美国 Ryder Scott 公司职业工程师 Dean Rietz 认为，对地质储量至少有四个基本要素：量、价值、不确定性和风险，所有级别的储量都有内在的不确定性，所有级别的储量都有风险。对油气储量和资源量背后隐含的价值、不确定性和风险的认识是真正考验投资者能力的地方。本章对油气储量的量和价值进行了介绍，以后章节将对油气储量价值和油气储量的其他要素作更详细的分析。

第三章 油气储量价值的估算

内容提示：加拿大和美国油气公司要估算油气储量价值。为了满足投资者比较油气公司储量价值的需要，油气储量价值的估算遵循证券监管机构设定的规则。

第二章概括性地介绍了油气储量分类和储量及其价值信息披露的规定，本章将介绍油气储量价值是如何估算的。同样是一桶原油储量，若获得一桶原油的成本（储量获得的成本、开发成本、作业成本、矿区使用费等）不同，则不同的原油储量其拥有的价值（Value）也不一样。矿区使用费（Royalty）是指作为油藏消耗对东道国政府或矿产所有者（出租人）的回报，通过支付矿区使用费，生产者（承租人/合同者）得以使用石油资源。对储量价值有不同的称法，有人称储量商业价值，也有人称商业开采价值。从经济效益（Economic）角度评价油气储量价值，也就是油气储量价值的估算。油气储量价值是衡量储量品质的一项重要指标。对投资者来说，投资什么样的油气公司需要认真分析油气储量（资产）价值，并进行相互比较，然后作出判断。人们都希望油气区块有优质的储量，为油气区块开发提供良好的基础，有人形象地称优质油气区块为"好石头"。

第一节 油气储量价值

一、使用目的

通常经过一定的努力、付出一定代价而成功地获得某种东西后，人们想知道这个东西到底有多少价值，因此需要对这个东西进行价值评价。同样，对于通过勘探获得油气储量后，人们想知道获得的油气储量到底有多少商业开采价值，以便对不同的油气储量在商业开采价值上作比较判断。

借助发布油气储量价值的信息成为油气上市公司向投资者展现公司投资价值的重要方式。油气公司向投资者推介公司时一般至少会提供三部分内容：第一部分是公司经营业绩和管理团队；第二部分是核心油气区块（资产）大小和质量；第三部分是发展潜力。通过储量、储量价值、单井产量递减曲线和投资经济效益等信息展现油气区块储量的质量。油气储量是油气公司的核心资产，是油气开发投资的基石，是衡量油气公司价值和成长的重要指标，储量价值体现了储量在商业开采方面的品质。所以，油气公司通过披露油气储量及其价值的信息，为投资者提供了油气资产投资价值的重要信息。

加拿大和美国证券监管机构规范上市油气公司储量信息披露的目的是要求注册发行人用统一的口径衡量油气储量的价值，投资者就可以对不同公司的油气储量进行价值比较。如果没有统一的价值衡量口径，不同公司的油气储量因其收益和成本算法不一样就会有不一样的价值，它们之间的油气储量价值则不易比较。

为了保护投资者利益和满足投资者比较油气资产投资价值（储量价值）的需要，加拿大和美国证券监管机构制定规则以规范油气公司的储量价值评价和储量信息披露。

二、油气储量价值不是油气储量的公允市场价值

加拿大和美国规则下的油气储量本身必须是经济的，也就是有商业价值，次经济的都是表外资源量。油气储量的经济性对油气储量的大小有直接影响。具体使用的储量价值估算指标是在规定的折现率条件下的油气储量净现值（所得税前）。

加拿大证券监管机构规定按5%折现率来估算油气储量净现值。美国证券交易委员会为在美国上市的油气公司设立了一个规定，即统一按10%折现率估算油气储量现值。

公允市场价值是指一项资产在估算基准日公开市场上正常使用状态下最有可能实现交换价值的估计数额。

加拿大和美国证券监管机构明确要求油气上市公司披露储量价值信息时要提示投资者储量价值不同于储量公允市场价值。在加拿大上市的油气公司要提示投资者：油气储量未来净收入的净现值（Net Present Values of Future Net Revenue）

不代表油气储量的公允市场价值（Fair Market Value）。在美国上市的油气公司要提示投资者：油气储量预计的未来现金流量的现值（按 10% 折现率折算），（Present Value of the Estimated Future Cash Flows）不代表油气储量的市场公允价值。

第二节　油气储量价值估算的常用方法

一、油气资产公允市场价值估算的方法

公允市场价值是指一项资产在估算基准日公开市场上正常使用状态下最有可能实现交换价值的估计数额。资产估算师估算油气资产的公允市场价值时主要使用收益法、市场法和资产基础法。估算油气储量的公允市场价值有多种方法，大多数情况是使用未来收入现金流量折现的方式来估算油气储量的公允市场价值，也就是收益法。使用收益法时，油气公司考虑了各种假设（比如现金流预测相关的条件假设）、价格设定和价格差异、折现率、风险因素等情况下对未来收入现金流量进行折现，这种方法称为现金流量折现法（英文简称 DCF）。当油气公司采用收益法和市场法来确定油气资产的公允市场价值时，要参照市场参与者的游戏规则，使用能够合理地反映资本折现率的加权平均折现率，或者公司在估算期内可接受的最低回报率。

加拿大和美国证券监管机构都要求上市油气公司仿照资产公允价值估算中常用的未来收入现金流量折现法对油气储量价值进行估算，但对油气上市公司如何估算油气储量价值，加拿大和美国证券监管机构有关油气储量价值估算的具体规定有差别。

满足信息披露需要的油气储量价值估算不同于油气资产公允市场价值的估算，不同之处在于两者估算的目的和要求不同。

二、加拿大和美国规定不同的折现率来估算油气储量价值

（1）加拿大证券监管机构规定按 5% 折现率来估算油气储量的净现值，即除

所得税前未来收入折现值。油气公司为投资者提供多个折现率的储量价值信息，更方便投资者按合理的折现率去判断储量的市场公允价值。

（2）美国证券交易委员会（SEC）规定按10%折现率来估算油气储量的现值（PV-10），这种方法被称为10%折现率未来收入现金流量折现法（PV-10法）。这个方法估算油气储量价值的做法是将未来收入减去直接支出后以10%折现率折算的现值作为储量价值。为什么美国证券交易委员会规定按10%的折现率？原因是这种做法被市场认可。美国证券交易委员会的PV-10法作为估算探明油气储量价值的常用方法是市场认可的结果，当初的目的并不是为了估算探明油气储量价值而设定的。PV-10法是美国市场经济制度、证券市场监管体制和美国法律制度三种制度框架下的产物。一方面油气公司为了宣传公司的投资价值需要公布油气储量的经济价值，另一方面政府监管机构出于保护投资者利益和美国法制环境的考虑，提出PV-10法的做法，统一了油气储量价值信息披露的口径，规范了油气储量价值估算的做法。

对投资者来说，油气公司披露的10%折现率折算出的探明油气储量的现值可以作为探明油气储量的公允市场价值分析的起点。在这个起点上，投资者可进一步分析，以明确什么样折现率适用于已披露的油气储量。储量级别不同，要分析的内容也不一样。应依据储量的实际情况来确定折现率，并对影响储量价值的因素作出判断。

第三节　加拿大、美国储量价值估算的要求和方法

一、加拿大储量价值估算的要求和方法

加拿大油气储量估算和信息披露是依据加拿大 NI51-101 和 COGE 手册的规定。信息披露中公布的油气储量的净现值并不代表油气储量的公允市场价值。

（一）加拿大 NI51-101 和 COGE 手册中与储量价值估算相关的内容提要

专栏 3-1

加拿大 NI51-101 和 COGE 手册中与储量价值
估算相关的内容提要

目的： 从事油气业务的发行人向对口的加拿大证券监管机构报告信息

储量： 探明储量和概算储量应披露，可能储量披露自定

储量价值估算：

  未来收入的净现值

    ——未折现、5%、10%、15%、20%折现率

    ——预测价格和成本

    ——未来收益（扣税前和扣税后）

  单位价值披露（加元/千立方英尺或加元/桶）

    ——10%折现率

    ——未来收益（扣税前）

预测： 预测价格和成本——合理的预测就是按一般情况考虑未来价格和成本

常规和非常规矿种：

非常规矿种：升级重油、SAGD 重油、煤层气、页岩油和页岩气

开发：

  未开发储量——可行的投资回报作为资本支出的条件；否则只能作为条件潜在资源

  开发时间长度

    ——未开发的探明储量，时间长度定为 3 年

    ——概算储量，时间长度定为 5 年

    ——可能储量，不定时间长度，但要具体说明

资料来源：美国 Ryder Scott 公司职业工程师 Dean Rietz 2012 年 9 月文稿。

（二）使用现金流量折现法估算油气储量价值时要考虑的几点

基于未来收入现金流量的油气储量价值估算是根据对每个开发项目的将来产

量和相应现金流量的估计而做出的。现金流量根据确定的折现率和时间进行折现，折现后的现金流量现值称为油气储量的净现值（NPV）。

计算油气储量的净现值时应考虑以下几点：

（1）在项目生产年限内的预期产量分布。

（2）成本估算除了考虑到与产量有关的项目开发、恢复和采出成本，还要考虑到未来一定时期的项目环境、废弃和复原成本。

（3）项目在项目生命期中出现通货膨胀或通货紧缩的情况。

（4）依据从项目生产的各种石油产品获得的收入分摊成本。

（5）与其产量和收入相应的所得税及矿区使用费。

（6）被采矿赋权或相应的合理期望期所限定的项目年限。

（三）现金流量折现法估算油气储量价值的具体做法

依据探明储量和概算储量（基本探明储量）估算分以下几步：

（1）为得到截止日预测的成本和价格，需要进行满足成本和价格预测所需要的假设（Forecast Cost and Price Assumptions）。

（2）依据探明储量和概算储量（基本探明储量）估算开发探明储量和概算储量（基本探明储量）获得的总未来净收入（未折现）（Total Future Net Revenue (Undiscounted)），分所得税前和所得税后。

所得税前总未来净收入（未折现）（Future Net Revenue Before Income Taxes）=营业收入（Revenue）-矿区使用税/费（Royalties）-作业成本（Operating Costs）-开发资本支出（Capital Development Costs）-设施弃置-复垦成本（Abandonment Costs）

所得税后未来净收入（未折现）（Future Net Revenue After Income Taxes）=所得税前总未来净收入（未折现）-所得税（Income Tax）

（3）按储量类别计算所得税前或所得税后未来净收入的净现值（Net Present Value of Future Net Revenue After/Before Income Taxes），所得税前或所得税后储量未来净收入的净现值是储量未来净收入按（未折现）0%、5%、10%、15%和20%折现率折算得来的现值。

（四）加拿大油气储量价值估算的实例

在加拿大和中国香港两地上市的加拿大阳光油砂公司（Sunshine Oilsands Ltd.，多伦多证券交易所主板上市，股票代码：SUO）的储量估值信息披露是一个比较好的例子，按加拿大油气储量价值估算的标准进行储量价值估算，读者可查阅相关的中文资料。专栏 3-2、专栏 3-3 说明油气储量价值估算值是如何估算出来。

专栏 3-2

未来净收入的净现值（3）
除所得税前未来收入折现（每年折现率）现值

储量	0% （百万加元）	5% （百万加元）	10% （百万加元）	15% （百万加元）	20% （百万加元）
年度报告（West Ells）（2）					
探明（1）	—	—			
生产中	—	—	—	—	—
已开发未生产	—	—	—	—	—
未开发	1616	637	249	74	(14)
总探明	1616	1616	637	249	74
总基本探明	2074	2074	392	111	51
总探明及基本探明	3690	3690	1029	360	125

注：（1）本公司没有生产中及已开发未生产储量，所有本公司的储量为未开发储量。
（2）在此披露的有关年度报告的价值仅根据 West Ells 开发地区。
（3）净现值的估计值并不代表公平市场价值。

总未来收入（未折现）
截至 2014 年 4 月 30 日的价格和成本预测
（West Ells 项目地区）

储量类别	收入 （百万加元）	矿税 （百万加元）	作业成本 （百万加元）	资本开发 成本 （百万加元）	设施弃置和 复垦成本 （百万加元）	税前净 未来收入 （百万加元）
总探明（1）	5714	778	1904	1467	40	1525
总探明及基本 探明（1）	10189	1667	3087	2639	71	2995

注：（1）补充报告只覆盖 West Ells 项目地区的储量评估。West Ells 部分补充报告的储量评估并没有从年度报告上做出变更。

专栏 3-3

GLJ 价格预测

于 2014 年 4 月 30 日生效

价格预测中所形成的基础收入预测，并且补充报告净现值的估计是基于 GLJ 于 2014 年 4 月 1 日价格预测，生效日期为 2014 年 4 月 30 日。该价格预测的总结载列如下：

时间	油田成本通胀（%）	汇率（美元/加元）	西得州中级原油@库欣（美元/桶）	爱民顿轻油（加元/桶）	WC-SHardisty重油（加元/桶）	12API-Hardisty重油（加元/桶）	Hardisty稀释油砂重油（即期，加元/桶）	HenryHub纽约商品交易所（目前，美元/百万英热）	爱民顿戊烷以上的烃类（加元/桶）
2014Q2~Q4	2	0.9000	97.50	102.78	84.79	75.31	78.79	4.40	113.06
2015	2	0.9000	97.50	102.78	84.79	75.31	79.29	4.50	113.06
2016	2	0.9000	97.50	105.56	87.08	78.33	82.08	4.75	112.94
2017	2	0.9000	97.50	105.56	87.08	78.33	82.58	5.00	112.94
2018	2	0.9000	97.50	105.56	87.08	78.33	83.08	5.25	112.94
2019	2	0.9000	97.50	105.56	87.08	78.33	83.00	5.50	112.94
2020	2	0.9000	98.54	106.37	87.75	78.93	83.59	5.63	113.81
2021	2	0.9000	100.51	108.49	89.50	80.53	85.26	5.74	116.08
2022	2	0.9000	102.52	110.66	91.29	82.14	86.96	5.85	118.40
2023	2	0.9000	104.57	112.87	93.12	83.78	88.70	5.97	120.77
2024+	2	0.9000	随后石油、天然气和产品价格每年递增2%						

阳光油砂公司重油储量价值的估算值和该公司股票市值比较后，可以看出投资者对阳光油砂公司投资价值的判断不是单靠阳光油砂公司储量价值的估算值。阳光油砂公司近两年在多伦多证券交易所主板的股价走势如图 3-1 所示。

在加拿大，储量价值估算时有可能出现以下情况：

（1）估算报告可以根据开发进展的情况进行修改。如随着开发向前推进，原来级别低的储量估计因条件改进可以逐渐满足对外报告的要求，从而被划分为级别高的储量。

（2）估算报告可能需要修改，以适应监管机构对公众报告所施加的各种规定和标准。

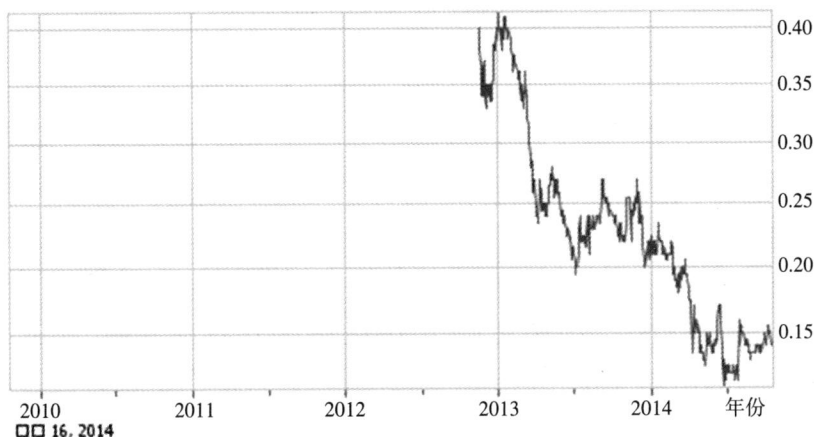

图 3-1 阳光油砂公司股价走势

资料来源：http://stockhouse.com.

二、美国储量价值估算的要求和方法

美国上市公司油气储量价值的估算是依据美国证券交易委员会（SEC）17CFR210 规则进行的。

（一）美国证券交易委员会 17CFR210 规则中与储量价值估算相关的内容提要

专栏 3-4

美国证券交易委员会 17CFR210 规则中与储量价值估算相关的内容提要

目的： 在美国证券交易所上市的公司信息披露

储量： 探明储量应披露，概算储量和可能储量自定

储量价值估算：

  ——可商业开采的资源是指其产出超过应承担的营业成本和资本支出

  ——基于现有经济条件

预测：

  价格确定——12 个月平均价，按每月首日价格平均无加权

  ——增强了公司披露数据的可比性

  ——烫平了储量估算中日常价格的波动

————减少季节性影响

不要求价格变动分析，但价格敏感性分析可自定

常规和非常规矿种：

开发：未开发的探明储量，时间长度定为 5 年

"合理的确定性"：

高可信度（很大可能）储量可采收

或者说实际可采储量等于或大于估算储量的概率为 90%

若有更多地质技术、地质工程和经济数据，"最终采收量估计数很有

可能增加或者保持稳定而不至于减少

（二）使用 PV-10 法估算油气储量价值时要考虑的几点

（1）按照美国证券交易委员会（SEC）准则估算的探明石油储量是剩余经济可采储量。要算作 SEC 所说的探明储量，油气公司必须有"合理的确定性"（Reasonable Certainty）：石油和天然气应是从现有油气井和那些计划在五年内要钻探的油气井采出。探明储量估算是基于油气价格、地质勘探、开发工程和附近油气井的生产规律。规划要钻探的开发油气井必须在经济上和技术上是可行的。储量价值估算要遵循投资经济效益估算的基本原理。如需要，可以进行油田储量价值对价格、成本和投资敏感性的分析。

（2）现行经济和技术条件是指油气产品价格、作业成本、生产方式、开采技术、油气外输和市场管理、矿权、利益分成以及法规方面的要求，均在储量估算的有效期内是现存的。如果需要推测其变化，则对其发生的可能性必须有足够的依据。

（3）油气价格是影响油气储量及其价值的主要经济参数之一。美国证券交易委员会准则要求油气上市公司每年都要进行剩余经济可采储量估算，并且针对某个基准日（一般是 12 月 31 日和 6 月 30 日）估算的储量及其价值。储量估算结果的有效期一般只有半年，最多一年。2009 年美国证券交易委员会推出新的储量准则，该准则规定油气价格取估算基准日前 12 个月每月第一天的价格平均值，且在评价期（估计的经济开采年限）内保持不变。储量估算的经济参数是根据当年作业成本和估算基准日的油气价格。如果油气价格太低，致使油气生产达不到经济条件，储量就不能为探明储量，必须从探明储量数据中以负调整而减掉；当

经济条件好转时，以正调整再进入探明储量。

（4）油气储量及其价值会变动。随着油气田储量的开发动用，未来钻井情况、开发技术的变化，以及油气田的生产动态和开发计划执行情况的变化，储量的类别（探明、概算、可能）和储量的开发状态（已开发、未开发）会发生变化。

（5）从勘探开发活动整个过程系统地考虑储量及其价值。油气公司每年对所有储量（估算单元）进行储量及其价值估算，既包括当年新增探明储量，也涵盖已开发和未开发（已估算单元）储量的增、减变化。储量估算结果综合反映了油田投资效益、勘探开发形势。

（三）用 PV-10 法估算油气储量价值的具体做法

为了计算 PV-10，油气公司的储量报告中探明储量的估算对象为现有油气井和未开发探明储量的计划油气井。探明储量估算考虑到现有油气井的目前产量和预测的产量递减率，及其开发储量的生产成本和费用。未来的总收入用现有的能源价格或附加适当上涨率的能源价格来估算。PV-10 的计算不考虑与项目资产不相关的费用和间接费用，如一般及行政开支、债务还本付息、折旧费和摊销费。

PV-10 是针对总探明储量，按规定扣除税费、资本支出和操作费用后的未来现金流量预测值，以 10%年折现率折现而获得的现值（Present Value of the Estimated Future Cash Flows）。这里所说的未来现金流量预测值（Estimated Future Cash Flows）是指在扣除任何未来所得税预测值之前，要减去生产和从价税预测值（Estimated Production and Valorem Taxes）、未来的资本支出（Future Capital Costs）和作业费用（Operating Expenses）。按规定扣除税费、资本支出和操作费用后的未来现金流量预测值（Estimated Future Cash Flows）以 10%年折现率折现，以确定它们的"现值"（Present Value）。〔以上 PV-10 定义来自 2013 年 1 月 23 日万能猎人资源公司（Magnum Hunter Resources Corporation NYSE：MHR）的信息公告，该公告为美国证券交易委员会列举的范例〕

PV-10 是一个重要指标，用来估算油气资产的相对价值。PV-10 是非 GAAP（Generally Accepted Accounting Principles）财务指标，为投资者提供了有用的信息，它被专业分析师和投资者广泛应用于估算石油和天然气公司。就油气公司个体而言，影响其要支付的未来所得税的很多因素都有其自身的特点，估算油气储量价值时使用税前指标评价油气公司的效果更好。

PV-10 是一种在石油和天然气行业其他公司常用的财务指标，这些公司 PV-

10 估算的方法很相似。但是，PV-10 不应该被视为一种替代 GAAP 财务指标，GAAP 财务指标作为石油和天然气行业的会计标准化指标。1937 年，美国会计程序委员会（CAP）发表第一号会计研究公告，开创了由政府机关或行业组织颁布"一般通用会计"的先河。

（四）美国油气储量价值估算的实例

2013 年 1 月 23 日，万能猎人资源公司（Magnum Hunter Resources Corporation NYSE：MHR）公布储量信息。截至 2012 年 12 月 31 日，该公司探明储量的现值（PV-10）从 616.9 亿美元增加到 981.2 亿美元，增加了 364.3 亿美元。该公司 2012 年 12 月 31 日探明储量的现值（PV-10）如表 3-1 所示。

表 3-1　2012 年 12 月 31 日万能猎人资源公司探明储量的现值（PV-10）

单位：百万美元

未来现金流入量	4248
未来生产成本	1520
未来开发成本	604
未来所得税支出	288
未来净现金流量	1836
现金流量估算期间 10%年折现率	1012
与探明储量相关的未来净现金流量折现后标准值	824
调整非 GAAP 财务指标	
预计的未来现金流量的现值（按 10%折现率折算）	981
减收入所得税	
未折现的未来收入所得税	(288)
10%折现率折掉的金额	131
已折现的未来收入所得税	(157)
与探明储量相关的未来净现金流量折现后标准值	824

资料来源：2013 年 1 月 23 日万能猎人资源公司信息公告。

根据美国证券交易委员会的规定，PV-10 估算使用的 2012 年 12 月 31 日及 2011 年 12 月 31 日商品价格，是基于 2012 年 1 月 1 日至 2012 年 12 月 31 日期间 12 个月份第一天价格的未加权算术平均数和 2011 年 1 月 1 日至 2011 年 12 月 31 日期间 12 个月份第一天价格的未加权算术平均数，两者根据运输租赁费和地区差价作调整。对于原油和液态天然气（NGL），用来计算 PV-10 的价格为 2012 年 12 月 31 日平均得克萨斯西部中质原油公布价格 94.71 美元/桶，相比 2011 年 12 月 31 日用来计算 PV-10 的平均价格 96.19 美元/桶，下跌了 1.5%。对于天然气，用来计算 PV-10 的价格为 2012 年 12 月 31 日亨利港现货平均价格即 2.75 美元/百万英利热量单位（MMBTU），相比 2011 年 12 月 31 日计算 PV-10 的平均价格 4.11 美元/百万英利热量单位，下降了 33%。所有价格在整个项目资产的估计的经济开采年限内都保持不变。

三、中国没有油气储量价值估算的要求

中国的油气储量包含了经济和次经济部分，油气储量缺少与市场挂钩的商业属性，不受油气价格、开发成本的影响，只要求达到工业油流标准。依据国土资源部 2005 年 4 月发布的《石油天然气探明储量报告编制暂行规定》，该规定有一部分内容概括地提到经济可采储量与剩余经济可采储量，并要求根据开发方案或开发概念设计，预测有关的开发指标并进行投资估算。以下是该规定经济可采储量与剩余经济可采储量部分的内容：

2.6 经济可采储量与剩余经济可采储量

2.6.1 开发可行性评价

1）储量综合评价

根据规范要求对油（气）藏的储量可靠性做出评价，并对储量规模、丰度、埋藏深度、储层物性等作出评价分类。

2）产能评价

根据试油、试采成果，论证平均有效厚度及合理工作制度下的单井产能和平均递减率等。

2.6.2 经济可采储量

1）计算方法

论述经济可采储量计算方法的选择，包括类比法、现金流法及经济极限法等。根据选择的计算方法编写报告。

2）类比法

a）同类油（气）藏类比法

列出与其类比的油（气）藏有关参数的对比。

b）商业油（气）流类比法

根据产能评价结果与商业油（气）流进行比较。

c）确定经济采收率，计算经济可采储量

3) 现金流法

a) 根据开发方案或开发概念设计，预测有关的开发指标并进行投资估算。

b) 经济指标（成本、价格、税率及折现率）。

c) 确定经济采收率，计算经济可采储量。

4) 经济极限法

a) 经济极限确定。

b) 动态方法的选择包括产量递减曲线和水驱曲线等。

c) 计算经济可采储量。

2.6.3　剩余经济可采储量与次经济可采储量

根据技术可采储量、经济可采储量计算结果与累计核实产量，求得剩余经济可采储量与次经济可采储量等。

油气储量价值的估算是一种简化的经济评价，储量价值估算遵循经济效益估算的基本原理，但其目的不同于油气开发项目的投资经济效益估算。公司的项目投资决策取决于它对将来影响油气项目开发可行性（开发承诺）和生产/现金流规划的商业开发条件的认识。这些商业开发条件包括但不限于影响财务收支的条件（成本、油价、财税条款，税收）、市场、法律、环境、社会和政府因素等。油气开采投资决策所依赖的经济可行性评价是根据油气项目在项目生命期内所面临的未来各种条件做出的，包括对费用和油价的合理预测，这些预测建立在对当前各种条件的预期变化之上。油气开发项目投资经济效益评价要详细分析这些商业开发条件，而基于现金流量折现方法的油气储量价值估算省略了市场、法律、环境、社会和政府因素等。

满足信息披露需要的油气储量价值估算值是投资者估算油气公允市场价值时可以参考的重要数据，但是要深入了解油气储量的公允市场价值要依靠对具体油气区块的单井产量递减分析和投资经济效益分析。

第四章 油气井的单井投资经济效益

内容提示：投资分析首先从油气井的单井投资经济效益入手，然后分析整个油气藏（田）或油气区块的投资经济效益，也就是投资分析应由点到面。为了行文简便，有时把"油气井的单井"简称为"单井"。

投资分析时把油气井从钻井、投入生产到日产量达经济极限时停止生产的经济行为过程作为一个相对独立的单元，据此对油气井的投资经济效益进行估算，该做法就叫油气井的单井投资经济效益分析。在大多数情况下，使用现金流量折现法（英文简称 DCF）分析油气井的单井投资经济效益。用现金流量折现法估算油气井的单井投资经济效益时，现金收入的计算是依据油气井产量和油气出售价格。油气井产量的估算是油气井的单井投资经济效益估算的重点和难点。油气井产量估算的难点在于油气井产量递减分析，因为与油气井产量递减分析相关的经济因素的变动时间长达 30 年（一般假设生产期 30 年）或更长，要有足够的生产历史数据，否则，如果生产历史数据不够充分，会影响到油气井最终采出量估算结果的可信度。影响油气井的单井产量递减的因素很多，为了提高油气井的单井产量估算的准确度，人们尽可能多地把影响油气井单井产量的因素考虑进去，但是现实的情况是影响因素考虑得越多，估算的难度就越大。油气专业人士从实践中摸索出一些实用的办法，只考虑影响油气井单井产量的主要因素，并依据油气井产量的历史数据进行分析判断，力图使预测出来的油气井单井产量接近实际情况。

第一节 净现值和内部收益率指标衡量
投资经济效益

现金流量不同于国际会计准则所说的收益概念（权责发生制），这里讨论两者之间的差别。需要重温一下如何用现金流量折现法来估算净现值和投资内部收益率。现金流量是现代财务管理学中的一个重要概念，是指企业或投资项目在一定会计期间按照现金收付实现制，通过一定经济活动（包括经营活动、投资活动、筹资活动和非经常性项目）而产生的现金流入、现金流出及其总量情况的总称。即：企业或投资项目一定时期的现金和现金等价物的流入和流出的数量。现金流量折现法又称拉巴鲍特模型法，是在考虑资金的时间价值和风险的情况下，将发生在不同时点的现金流量按既定的折现率统一折算为现值再加总求得目标企业或投资项目价值的方法。使用现金流折现法时，油气公司采用依据各种假设（比如现金流预测相关的条件假设）、价格设定和价格差异、折现率、风险因素以及税负情况等对现金流进行折现。

净现值和内部收益率是项目投资决策时要用到的主要指标。基于现金流量折现法的投资决策依据不仅用现金流替代国际会计准则中的收益，还明确地考虑到资金价值随时间变化因素对投资经济效益的影响。现金流量折现法派生出两种广泛使用的指标来衡量投资回报：净现值和内部报酬率。

（1）净现值（Net Present Value，NPV），财务管理学概念，是指投资项目投入使用后的净现金流量，按资本成本或企业要求达到的报酬率折算为现值，减去初始投资以后的余额，余额可能是正的，也可能是负的。净现值法的决策规则很简单，因为投资者需要的最低回报率已经作为因素在净现值估算中得到体现。

一个项目净现值法的决策规则：

如果 NPV>0，项目可接受；

如果 NPV<0，项目被放弃。

许多人喜欢从资本成本的角度考虑折现率，并据此折现率对现金流量进行折现。这个方法容易，不用考虑债务支出，不用估算债务本息的支付。

净现值的做法有局限性，其中之一是净现值是绝对值不是相对值，未考虑到规模。净现值法还有一个缺陷是未考虑项目生产期长短，两个相互独立的项目比较，会倾向于选择生产期长的项目。

（2）内部报酬率（Internal Rate of Return，IRR），又称内含报酬率或内涵报酬率，是指在考虑了时间价值的情况下，能够使未来现金流入量现值等于未来现金流出量现值的折现率，或者说是使投资方案净现值为零的折现率。一个项目获得的报酬率计算是基于现金流量并把资金的时间价值考虑在内，也就是说内部报酬率计算是基于折现的现金流量。

内部报酬率用来衡量净现值对折现率变化的敏感性。净现值的做法考虑到项目规模，但内部报酬率计算未考虑到项目规模。内部报酬率是一个相对数指标，与净现值指标一起在一定程度上反映一个投资项目的投资效率高低，所以这类评价指标通常是用于独立方案的决策，也就是备选方案之间是相互独立的。

净现值数据在判断项目可行性方面的作用。首先，折现率用坐标 X 轴表示，净现值用 Y 轴表示，画成图，直观显示净现值线何时穿过 X 轴，也就是何时出现净现值为负数。其次，有可用的指标来衡量净现值对折现率的敏感性，净现值线的斜率作为一个指标可以衡量项目净现值对折现率的敏感度。最后，当相互独立的项目一起分析时，把净现值线放在同一个坐标上，看折现率何时突破盈亏平衡点，就可看到两个对比项目的差别。

决策时使用内部报酬率的好处是分析时如不知道折现率，可以通过计算得出内部报酬率，并与真实的折现率情况对比。但是，决策时不一定用内部报酬率来取舍投资项目。

使用内部报酬率与折现率对比方法的决策规则：

如内部报酬率大于折现率，项目是好的，可接受；如果相反，项目被放弃。

决策时要注意到内部报酬率的局限性，其中之一是两个独立的项目比较时容易忽视规模因素，偏向选择小项目。

第二节　油气井的单井产量递减曲线和最终采收量

本节主要介绍油气井的单井产量、递减率、最终采收量，这些数据作为油气井的单井投资经济效益估算的输入数据。油气产能是指油气井的生产能力，通常用单位时间内生产油气的数量来衡量；油气产量是指油气生产的数量，通常用一段时间生产油气的数量来衡量。两者区别：一个指生产能力，一个指生产数量。两者关系：产能和时间是决定产量的基础因素，产量是在一段时间内产能的表现。递减率是指油气田开发一定时间后，产量将按照一定的规律递减，递减率就是指单位时间内产量递减的百分数。自然递减率是指不包括各种增产措施增加的产量之后，下阶段采油量与上阶段采油量之比。综合递减率是指包括各种增产措施增加的产量在内的递减率。估算每月现金流量首先要估算出油气井的每月日均产量。估计出油气井生产期每个月的产量，加总就可得到最终采收量。

产量递减分析方法可以应用于单井，也可以应用于整个油气藏（田）。通过油气井的单井产量递减分析（Decline Curve Analysis）估计出油气井生产期每个月的产量，加总得到单井最终采收量。单井最终采收量是分析投资经济效益时用到的一个主要输入参数。获得这个参数的工作难度高，需要一定量的油气生产历史数据，同时要合理地确定各种参数，其结果的可靠性影响到投资经济效益估算的准确度。如何建立产量预测的模型是本章要探讨的重点内容之一。

油气公司要定期对油气生产井和要钻探的油气井的产量、递减率和最终采收量进行估计和预测，以便掌握各油气井将会获得的投资回报。在产量、递减率和最终采收量的三项指标中，产量是最主要的指标，是预测其他指标的基础，所以产量预测是最主要的预测工作。油气工程师常用复杂的地球物理模型去预测油气井的产量。油气行业分析师和投资者很想知道产量如何预测，但他们要拿到预测所需的资料却有困难，于是倾向于使用经验法则来模拟和预测产量。

大拇指规则（Rule of Thumb），也叫经验法则。大拇指规则是指决策者不需要获得决策模型需要的所有信息，而是用重要的信息来决策。经验法则是在判断或决策时走捷径的方法。

油气产量递减曲线分析

(一) 油气井的单井产量记录是产量递减分析的基础数据

美国和加拿大上市油气公司在其公司情况介绍文本中一般都会提供已开发油气区块的单井产量递减典型曲线，这些公司情况介绍文本内容会不断更新。如SPE公司提供的信息，不仅提供了开发油气井的实际产量数据，还用平均数据在平面坐标上画出一条油气井的单井产量递减曲线，与所属油气藏（田、区块）的油气井产量递减典型曲线对照（见图4-1）。油气井的单井产量基本没有稳定期，

QUEENSDALE–DRILLING RESULTS

Well	Will（%）	IP30 Gross (bbl/d)	IP60 Gross (bbl/d)	IP90 Gross (bbl/d)	Days On Production
91/2–27–6–34w1	50	237	199	170	319
91/12/27–6–34w1	80	311	261	290	307
93/3–27–6–34w1	75	245	205	185	294
93/7–27–6–1w2	65	67	70	67	277
91/9–22–6–1w2	90	241	233	239	272
91/11–27–9–34w1	97	95	78	63	251
91/8–27–6–34w1	80	78	70	63	113
91/2–28–6–34w1	80	251	237	215	101
91/12–23–6–34w1	80	316	285	259	94
91/14–10–6–34w1	87	96	81	…	80
Average		195	171	164	

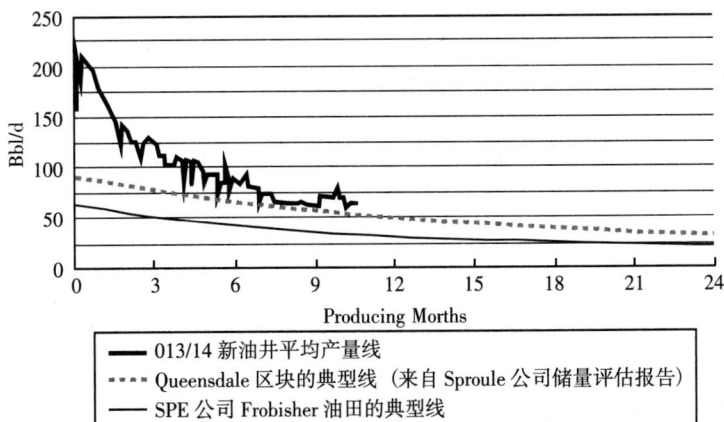

图4-1 油气井产量递减典型曲线

资料来源：SPE公司企业情况介绍文本。

投产后很快达到峰值就开始衰减，因此常用投产 30 天的平均产量（Initial Production of First 30days，IP30）作为评价此类油藏油井生产能力的一个重要指标。IP30 被称为 30 天初期产量，还可以看到 60 天初期产量、90 天初期产量、180 天初期产量和 360 天初期产量等。

国内油气上市公司信息披露离投资者对投资分析所需要的信息需求还有不小差距。比如仅凭油气上市公司信息公告提供的信息无法推测新井投产产量递减情况。以下是美都控股（现已更名为美都能源 600175）有关油井产量的公告信息。

2014 年 4 月 21 日，美都控股公告美国投资扩建油气开采项目的进展，公司下属美国全资子公司 Woodbine Acquisition LLC 正式投产产油的第一批新建 6 口水平井，截至公告日已全部达到初产峰值，产量超过预期。平均单井日产油气 1077 桶油当量，其中最高产量井为日产 1214 桶油当量，最低产量井为日产 1013 桶油当量。全部油当量中 90.45％ 为油，9.55％ 为气。交割日至本公告发布日，WAL 新钻井中，共有 6 口油井投产，10 口油井完井（其中 6 口将于 5 月底至 6 月初投产）。6 口投产油井均达到初产峰值，投产日至初产峰值日平均间隔 7 天，已达初产峰值油井 30 天平均日产 1047 桶油当量，其中 88.87％ 为油，11.13％ 为气，最高产量井 30 天平均日产 1121 桶油当量，最低产量井 30 天平均日产 939 桶油当量。投产油井当时未达到初产峰值，但是在随后一周逐步达到峰值。

2014 年 7 月 23 日，美都控股刊登在美国投资扩建油气开采项目的进展公告。公告已经投产新井 12 口，7 月初以后陆续有 10 口新井投产，从收购后到截止本公告日共计投产新井 22 口。2014 年 7 月 21 日，美都美国能源有限公司的当日权益净产量为 10696.44 桶油当量。随着新井的不断投产，油田产量将继续上升。

投资者仅凭上述公告的数据难以推测新井投产产量递减情况。

（二）油气井的单井产量递减曲线和产量累积曲线

为了形象地向投资者展示油气井的单井产量递减动态，油气公司常用油气井的单井产量递减曲线和产量累积曲线描述单井日产量变化的规律，这已成油气行业的惯例。要注意的是，这些曲线并不能准确地展现油气井产量递减的真实动态情况，只能算近似的描述。影响油气井产量递减的因素很多，很难用一条曲线去准确地表示油气井产量递减的真实动态情况。油气专业人士从实践中摸索出一些实用办法，即只考虑影响油气井的单井产量的主要因素，并依据油气井产量的历史数据进行一些分析判断，力图利用历史数据模拟出来的油气井的单井产量递减曲线接近真实的动态情况。

　　不管是油气井还是油气藏（田），在没有各种增产措施情况下，产量稳定到一定时期后都要进入递减阶段。如果油气井产量下降到经济极限值，油气公司就会停止这口井的生产。油气产量随时间递减的趋势称为油气产量递减的动态，通常用两种方式来描述油气产量递减的动态。最常见的一种方式是油气产量随时间而减少的曲线即产量递减曲线。油气资源类型不同，其产量递减规律也不同，特别是非常规油气井产量递减与常规油气井产量递减相比差别非常明显，非常规油气井在早期的1~2年时间日产量陡降。另外一种常用方式是产量累积曲线。通常把产量递减曲线与产量累积曲线对比，画出的图形称为产量与累积对比图（Rate-cumulative Plots）。图4-2是新野勘探公司（Newfield Exploration Company，纽约证券交易所股票代码：NFX）公司 Scoop 油田油气井的单井产量递减曲线。

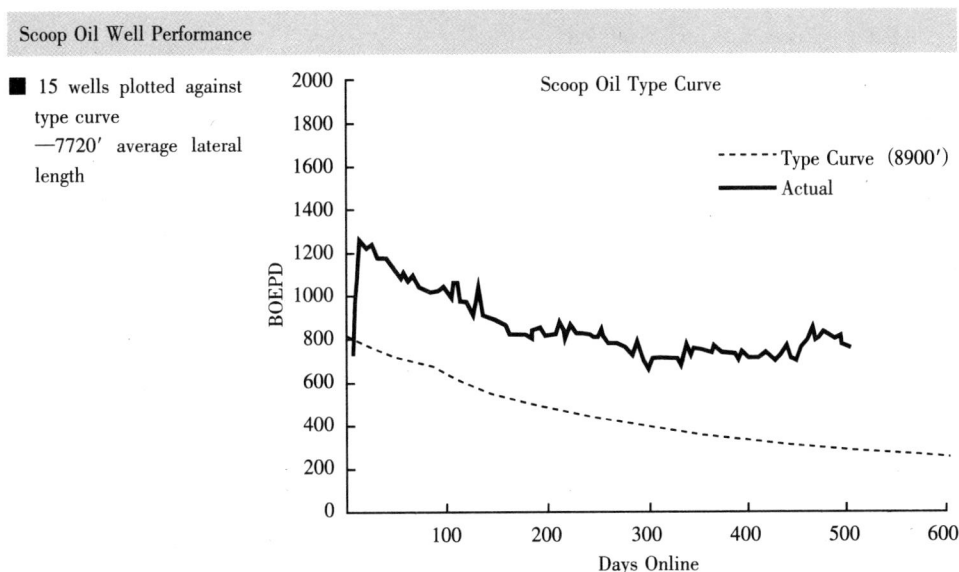

图 4-2　Scoop 油田油气井单井产量递减曲线

　　图4-3是美国油气公司 Cimarex Energy Co.（NYSE：XEC）位于卡伯桑县的气井（属于 Hz Wolfcamp 区域）产量与产量累积对比。

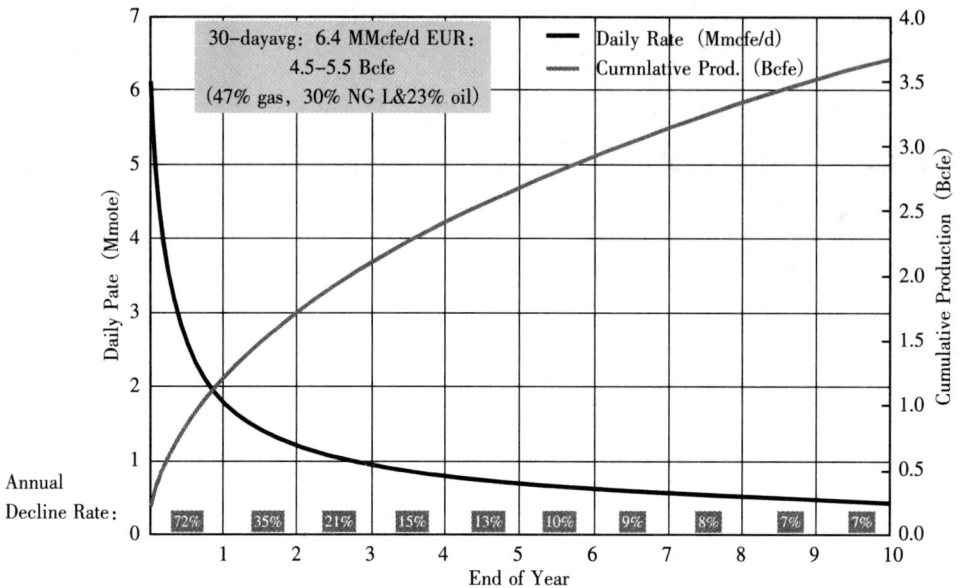

图4-3 卡伯桑县气井产量与产量累积对比

资料来源：Cimarex Energy Co.的宣传资料。

国际上比较有名的递减曲线，除了阿普斯（Arps）递减曲线，还有柯佩托夫递减曲线、马修斯和列弗柯维茨（Matthews 和 Lefleovits）递减曲线、乔西（Joshi）递减曲线、罗杰斯蒂（Logistic）递减曲线、威伯尔（weible）递减曲线和龚拍茨（Gomperts）递减曲线等。各种曲线的典型图版有它自己的理论基础、适用条件及其功能。大多数递减曲线是基于指数、双曲调和阿普斯方程，但往往有不足之处，如低估或者高估了油气储量和产量。传统的 Arps（1945）方法、经典的 Fetkovich（1980）典型曲线拟合法和现代的 Transient 产量递减分析法是三种常用的产量递减曲线分析方法。产量递减分析方法在国外应用十分广泛，较为实用的 RTA 软件在国内已流行应用。

1. Arps 递减曲线的历史

美国采矿工程师阿普斯（J.J. Arps）在 1945 年发表的一篇论文《递减曲线分析》中阐述了这个方法。阿普斯声称，气井产量递减可以像数学那样用一条曲线来表达，并可以在一系列双曲方程中找到一个与这条曲线相对应的双曲方程。

阿普斯通过总结前人经验和统计油田生产数据后利用指数函数曲线表达产量递减规律。这种分析方法是纯经验性的，并且建立了与之相对应的数学方程，从而把递减特征研究提高到了定量化的新水平。它包括了三个基础的递减规律：指数递减、调和递减和双曲递减。其中又因为指数递减的简单实用得到了广泛的应用。因为 Arps 递减曲线既有产量递减公式（Hyperbolic Curve Formula），又有累计产量解析式，因此使用方便，递减类型清楚。

Arps 递减规律认为产量（q）和时间（t）有如下关系：

$q_t = q_i / (1 + b D_i t) 1/b$

式中：q_t 为月份产量；q_i 为初始月份产量；b 为 Arps 递减曲线指数；D_i 为名义递减率；t 为生产时间月份。

递减曲线指数函数的未知参数（Arps 递减曲线指数 b 和名义递减率 D_i）可以多种方法来确定，这里不去探讨数学问题。常用方法是用最小二乘法求得递减曲线指数函数的未知参数。

2. 最小二乘法是曲线拟合最常用的一种具体方法

最小二乘法（又称最小平方法）是一种数学优化技术。利用最小二乘法可以简便地求得未知的数据，并使得这些求得的数据与实际数据之间误差的平方和为最小。它通过最小化误差的平方和寻找数据的最佳函数匹配。在许多实际问题中，往往需要根据实验测得两个变量 x 与 y 的若干组实验数据 $[(x_1, y_1), \cdots (x_n, y_n)]$ 来建立这两个变量的函数关系的近似式，这样得到的函数近似式称为经验公式。从几何意义上讲，就是寻求与给定点 $\{(X_i, Y_i)\}$（i = 0, 1, $\cdots$, m）的距离平方和为最小的曲线函数 y = p（x）。

（三）油气产量递减曲线分析的作用

1. 油气井产量递减曲线分析是油气田储量和产量预测的依据

产量递减分析是油气田一种非常重要且较为常用的动态预测方法。正确地预测油气井产量，对开发方案的调整、增产措施的决策等具有重要意义。

在实际生产数据充分有效的情况下，储量评估常用产量递减曲线分析方法。剩余储量取决于油气井已有的实际产量情况。油气井最终采收量（EURs）是油气储量估算的依据。油气井最终采收量要靠油气井在经济开采年限内产量预测的结果加总取得。油气产量递减曲线分析用于油气井生产期产量的预测。因此，油井产量递减曲线分析是油田储量评估的一种方法。条件具备时，可依据单井最终采收量估算出探明储量，这是美国证券交易委员会对上市油气公司的要求。

以下是个实际应用的例子：

据上海证券交易所（以下简称上交所）美都公司公告，该公司组织专家分析拟合出预测未来新井初产量的公式，并应用目前国际上最为常用的双曲递减模型拟合 Woodbine 油田油井历史生产数据，得出油井的产量递减规律，然后利用上述初期产量和产量递减规律，预测出 2014 年每口新井投产后每个月的产量以及在产井 2014 年每个月的产量，得出 2014 年油田净产量，其中原油净产量约为354.31 万桶，天然气净产量约为 5633.52 百万立方英尺。公告称公司测算的 2014年 Woodbine 油田产量是在充分考虑了油田历史数据、生产规律、开发计划等因素下做出的审慎性预测。

2. 油气井产量递减率是评价油气田质量的重要指标

油气产量递减规律主宰油气田产量。1985 年，中国石油开发公司海南公司与澳大利亚 CSR 东方石油等 4 家外国公司合作勘探，完成钻探井 5 口，评价井 1口，获得工业油流井 2 口，发现了金凤含气构造，但因产量递减快，不具工业开发价值，1988 年外方放弃合作[①]。

不同类型油气田的产量递减率不一样，油气井产量递减曲线的类型多种多样。图 4-4 是新野勘探公司的三种类型产量递减曲线图：一是湿气井产量递减典型曲线；二是 Scoop 油井产量递减典型曲线；三是 STACK 油气井产量递减典型曲线。

（四）确定油气井的单井产量的经济极限值以估算最终采收量

按照石油资源管理系统（PRMS）的规定，估算最终可采量（Estimated Ultimate Recovery，EUR）用来定义在给定日期和特定技术及商业条件下，潜在可采油气估算量加上已产出量（可采资源的总量）。简单地说，一口油气井的估算最终可采量是油气井从产能形成到经济极限值时的估算总产量。经济极限值是指一口井净营运现金流不为负值时的最小产量，该时刻定义了一口井生产期限的终点。计算油气井的单井产量经济极限时，出于方便考虑，营运成本不包括折旧、弃井和复原费、所得税及其他额外的固定费用。

---

① 王涛. 90 年代初如何艰难勘探开发塔里木石油 [M]. 北京：中共党史出版社，2000.

Scoop Wet Gas Well Performance

28 Wells plotted against type
curve
—6182′ average lateral length
"NEW" Yandell
development (5 XL wells)
averaged 24-HR IP of ~1300
BOEPD gross (41% oil)

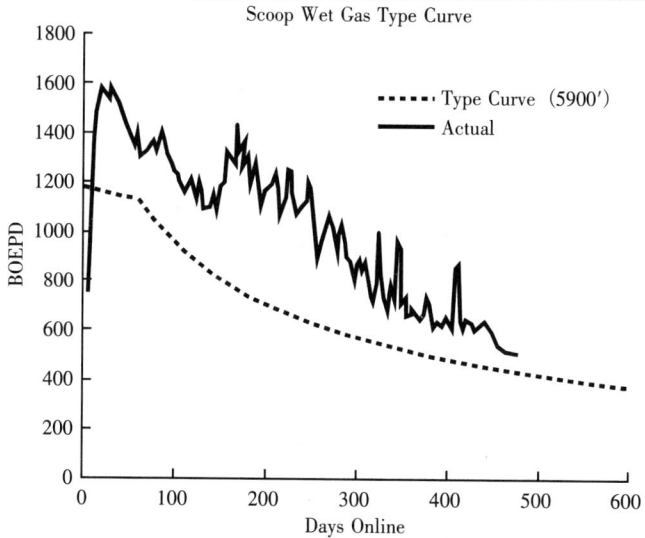

Scoop Oil Well Performance

■ 15 wells plotted against
type curve
—7720′ average lateral
length

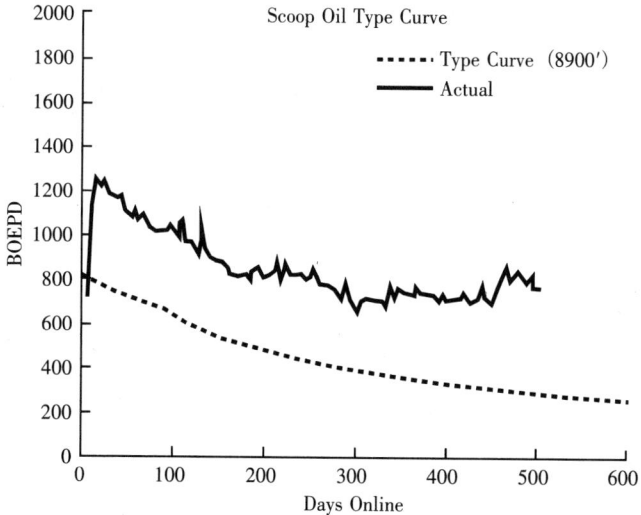

图 4-4　新野勘探公司三种产量递减曲线

STACK Well Performance

■ 11 wells plotted against type curve
—10087′ average lateral length

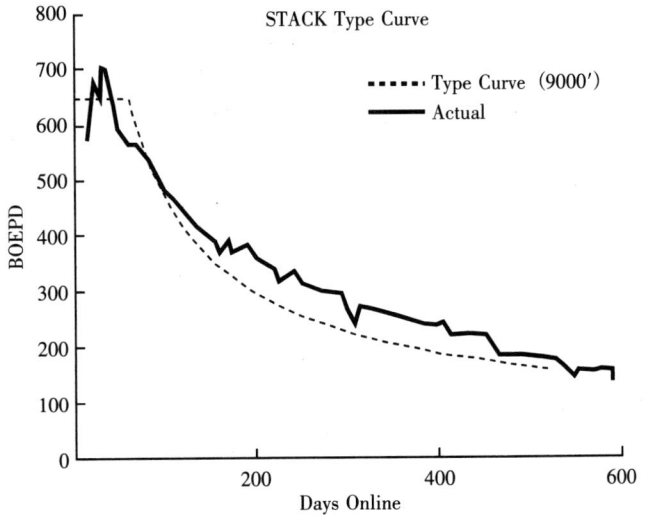

图 4-4　新野勘探公司三种产量递减曲线（续）

资料来源：新野勘探公司的宣传资料。

第三节　油气井的单井产量预测的方法

根据美国学者埃里克·彭纳（Eric Penner，罗拉多大学波尔得分校经济学科博士）的文章《页岩气生产项目投资经济效益的分析》，有四种预测油气产量的方法。综合其他研究资料，本节对四种预测油气产量的方法进行简单介绍。

一、年产量递减百分比预测法（Percent Annual Cecline Forecast）

年产量递减百分比预测法是一种直观推测法。对于对油气井生产有足够的经验，并对油气井产量递减的历史情况了解的人来说，使用年产量递减百分比预测法预测油气产量相对容易。这种方法使用一个不复杂的数学模型，只用几个因变量就可用来预测油气井的单井产量。

用年产量递减百分比预测法预测油气井的单井产量时需要先确定油气井平均年产量递减情况，一般依据历史资料凭经验分析判断确定油气井平均年产量递减率。给定一个单井初期（始）产量，按确定的年产量递减率就可以预测出油气井的单井产量。表 4-1 列举的数据是 Haynesville 气藏有代表性的数据，设定第一年递减率为 70%，第二年递减率为 30%，第三、第四年递减率为 15%，尾项年的递减率为 10%，气井初期（始）产量是日产 10 百万立方尺天然气。

表 4-1 年产量递减百分比预测法预测油气井的单井产量

时 间	第 1 月	第 12 月	第 24 月	第 36 月	第 48 月	第 60 月
年递减率（%）		70	30	15	15	10
日产量（MMscfd）	10	3.00	2.10	1.79	1.52	1.37
累积产量（Bcf）	0.36	2.37	3.30	4.01	4.61	5.14

资料来源：埃里克·彭纳：《页岩气生产投资收益的分析》。

表 4-2 是美国油气公司 Cimarex Energy Co.（NYSE：XEC）卡伯桑县气井（Culberson County well）十年的产量下降率情况。

表 4-2 卡伯桑县气井十年的产量下降率

时间	第 1 年	第 2 年	第 3 年	第 4 年	第 5 年	第 6 年	第 7 年	第 8 年	第 9 年	第 10 年
递减率	72%	35%	21%	15%	13%	10%	9%	8%	7%	7%

资料来源：Cimarex Energy Co.的宣传资料。

该模型用很普通的现有数据就可预测油气井的单井产量，这种预测法既快又简洁，但是预测结果的偏差会比较大。

二、产量递减曲线分析法（Decline Curve Analysis）

产量递减曲线分析法，使用油气行业认可的输入变量预测产量，该方法可以提高产量预测的准确度。

产量递减曲线分析法本质上还是属于一种经验分析方法，但是由于这种经验分析方法简便、实用、成本低和效果好，是被世界很多油田公司广泛利用的方法。

估算油气井的单井产量递减率时，产量递减曲线分析法比年递减率百分比预测法复杂，它要求分析人员系统地收集和分析油田生产的动态资料，发现其中产量递减的规律，给出表达这些规律的经验公式，然后运用已经总结出来的经验规律预测未来的生产动态。产量递减曲线分析法用到单井前几个月的生产数据和几个决定递减曲线形状的变量。但是，产量递减曲线分析法需要假设油气井生产环境不因时而变，实际上这种情况不一定存在。产量递减曲线分析设置了一个前提：一旦条件形成就应保持不变，在这个前提下油气井产能在其生产期充分释放。

（一）介绍利用阿普斯公式预测油气井的单井产量例子

图 4-5 是美国上市公司 QEP 公司在其公司介绍文本中向投资者展示了油气井的单井投资经济效益分析的结果。油气公司依据油田实际开发结果修正油气井的单井投资经济效益数字的情况很正常。美国 SA 公司的分析师迈克尔·菲鲁（Michael Filloon）写了一篇有关 QEP 公司资源的研究报告，他在该报告中预计巴肯页岩井估算的最终采收量可达 200 万桶油当量。2013 年 1 月 8 日，有位自称 JJ2000426 的美国人在股票心理学博客上发了个帖子，不同意迈克尔的估算结果。JJ2000426 的估算与 QEP 的估算对比发现两者使用的计算公式一样，但两者使用的 4 个参数值不一样，两者估算结果的差异明显。JJ2000426 认为他估算的结果更符合实际。

JJ2000426 列举了 QEP 公司的 16637 号巴肯页岩井作为分析例子，并提出他自己的估算思路和估算结果。图 4-5 显示 QEP 公司的 16637 号巴肯页岩井投资经济效益估算的参数值和估算结果。

Bakken/Three Forks Formation, North Dakota （Reservation）

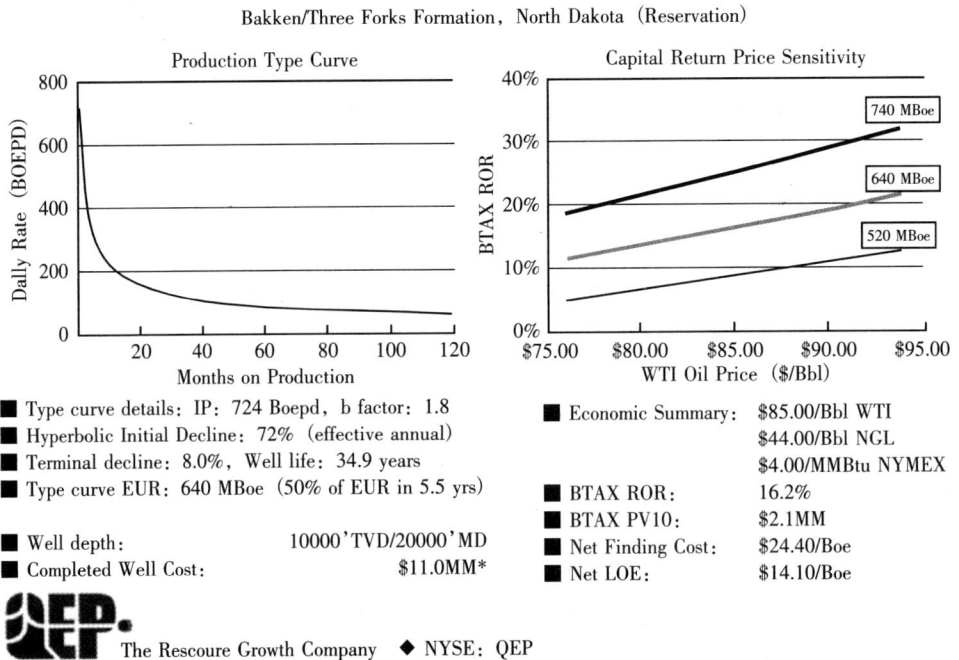

- Type curve details：IP：724 Boepd，b factor：1.8
- Hyperbolic Initial Decline：72%（effective annual）
- Terminal decline：8.0%，Well life：34.9 years
- Type curve EUR：640 MBoe（50% of EUR in 5.5 yrs）

- Well depth： 10000'TVD/20000'MD
- Completed Well Cost： $11.0MM*

- Economic Summary： $85.00/Bbl WTI
  $44.00/Bbl NGL
  $4.00/MMBtu NYMEX
- BTAX ROR： 16.2%
- BTAX PV10： $2.1MM
- Net Finding Cost： $24.40/Boe
- Net LOE： $14.10/Boe

The Rescoure Growth Company ◆ NYSE：QEP

图 4-5　QEP 公司的 16637 号巴肯页岩井投资经济效益估算的参数值和估算结果
资料来源：JJ2000426 的博客文章。

JJ2000426 的估算思路和结果：

1. 拟合出页岩井产量递减曲线

传统上，天然气生产公司用经典阿普斯公式来模拟常规油气井的产量下降，不过许多人指出，经典阿普斯公式不适合表达页岩井产量下跌模型。从长期看，页岩井产量下降比用经典阿普斯公式计算得出的产量下降要快得多，特别是阿普斯公式假定最后产量递减率为零，而累积产量趋于无限，b 因子值大于1，这会产生问题，因为从长期看，页岩井的尾项产量递减率大于零。对于经典阿普斯公式（Classical Arps Formula）以及 JJ2000426 使用修正的阿普斯公式，多数油气生产公司坚持使用经典阿普斯公式，但是 QEP 公司也使用修正的阿普斯公式计算，该公式含有尾项的产量递减率。

The industry uses the Arps empirical decline formula (Type Curve)

(1) Production rate P(T) is defined by initial production rate (IP) P0, initial decline rate D and factor b:

$$P(t) = P_0/(1+bDt)^{1/b}$$

The factor b is uttermost important and most controversal! To b or not to b — that is the big question for the experts!

(2) Cumulative production U(T) is:

$$U(T) = \int_0^T P(T) \, dT = P_0 \times \int_0^T 1/(1+bDt)^{1/b} \times dT \qquad U_0 = P_0/(1-b)D \quad \text{at infinite time.}$$

(with b ≠ 0)　　　　　　　　　　　　　　　　**(with b = 0)**

$$U(T) = U_0 - U_0 \times (1+bDt)^{(b-1)/b} \qquad\qquad U(T) = U_0 - U_0 \times e^{-Dt}$$

(3) Depending on value of b, the Arps Type Curve behaves very differently:

　1. b < 0　The formula has no meaning and thus is not allowed.
　2. b = 0　The formula degenerates into simple exponential decay.
　3. 0 < b < 1　The type curve is called exponential. U(T) converges and is limited.
　4. b = 1　The type curve degenerates into a logarithm function. It's called harmonic.
　5. b > 1　The type curve is called hyperbolic. U(T) diverges and approaches infinity.

(4) All math and physics student can see Arps type curve diverges and goes to infinity for b>1, the hyperbolic case. The physical world does NOT allow infinity. But industry experts pitched the hyperbolic case as the correct model. Who doesn't like higher or infinite profit potential? But Arthur Berman always claimed that the hyperbolic is wrong.

Read more: http://www.hamiltongroup.org/documents/Decline%20Curves%20-%20Dr%20Stephen%20Poston.pdf

The Arps Formula Is Modified As Below to Account for the Terminal Decline

(5) Production rate P(T) is modified by multiplying by a decaying factor $e^{-\beta t}$ as below:

$$P(t) = P_0 e^{-\beta t}/(1+bDt)^{1/b}$$

The terminal decay rate β is approximately 0.0002/Day. That results in a terminal decline of about -7% annually.

图 4-6　阿普斯公式

资料来源：http://stockhouse.com.

---

2. 两者选定的参数值有差别

JJ2000426 认为 QEP 公司选定的参数值不太恰当，JJ2000426 依据自己的分析判断确定了不同参数值，建立巴肯 16637 号页岩井产量估算的模型。JJ2000426 的月份产量数据来源于 ND DMR 网站。JJ2000426 利用电子表格软件来计算，使用的计算公式与 QEP 公司的计算公式一样，选取的 4 个参数值与 QEP 公司选取的 4 个参数值不同。

从 QEP 公司的产量曲线图可以看出 QEP 公司预测产量时选定的 4 个参数值。QEP 公司选定的 4 个参数值与 JJ2000426 选定的 4 个参数值（IP，D，B 和最后递减率）比较如下：

QEP 公司：IP = 724 BPD，D = 0.0035/天，B = 1.80，尾项产量递减率 = 0.000228/天

JJ2000426：IP = 1250 BPD，D = 0.020 /天，B = 1.80，尾项产量递减率 = 0.000280/天

无论是 QEP 公司还是 JJ2000426，B 参数值同为 1.80。JJ2000426 用稍高的初始产量 IP，略高的初始产量递减率 beta 值即 D 参数值。但最大的区别在于：从页岩行业的标准来看，QEP 公司使用了一个非常低的初始产量递减率 beta 值即 D 参数值。JJ2000426 认为 QEP 公司使用如此低的 D 参数值没有道理。页岩井在最初几个星期的产量递减速度极快。其他油气公司使用的 D 参数值远高于 QEP 公司使用的 D 参数值，是 QEP 公司使用的 D 参数值的 10 倍。

3. 两者的估算结果差异

QEP 公司的估算结果和 JJ2000426 的估算结果肯定有差异，关键是最后看谁的结果更符合实际。

图 4-7 显示 JJ2000426 的产量递减估算结果更符合实际，QEP 公司的产量递减估算结果不是吻合得很好。

如用累积产量线来比较更能说明两者结果的差异，JJ2000426 的累积产量估算结果更符合实际。

图 4-7、图 4-8 显示 JJ2000426 估算的产量更符合实际，QEP 公司估算的产量偏离实际产量，明显偏高。JJ2000426 测算 16637 号井的最终采收量为 50 万桶油当量（BOE），而 QEP 公司测算的最终采收量为 75 万桶油当量（BOE）。

下面看一下两者的估算结果对最终采收量的影响。

JJ2000426 估算时，16637 号井已生产五年，累计已产 35.5280 万桶油当量（BOE），日产量达 80 桶油当量，年产量递减率为-16%~-22%，预计以后年份的年产量递减率为-18%，经济极限产量为日产 10 桶油当量，该井可再产 14.5 万桶油当量，合计最终采收量为 50 万桶油当量。16637 号井不是巴肯油气田的典

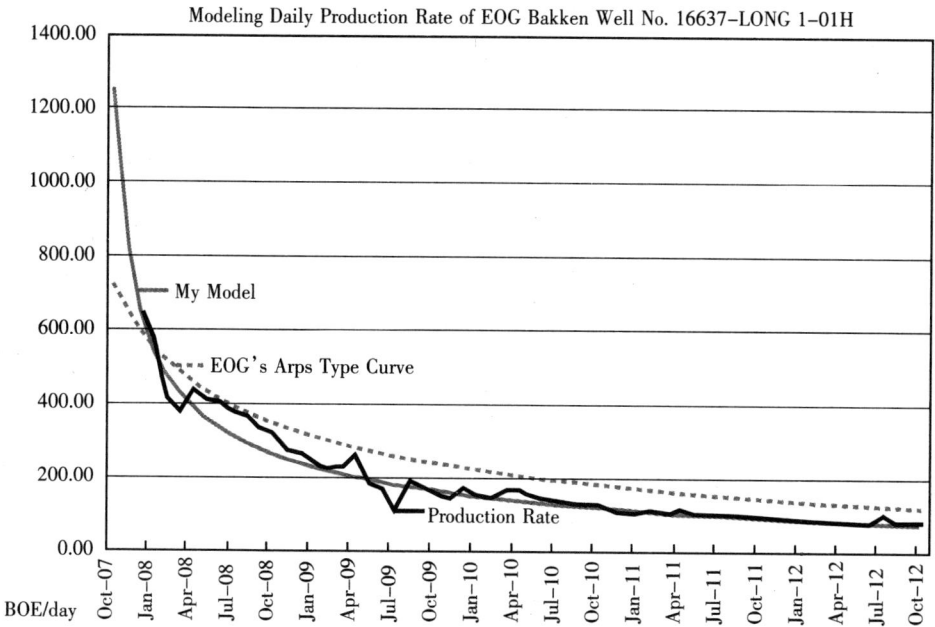

图 4-7　产量递减估算结果比较

资料来源：JJ2000426 的博客文章。

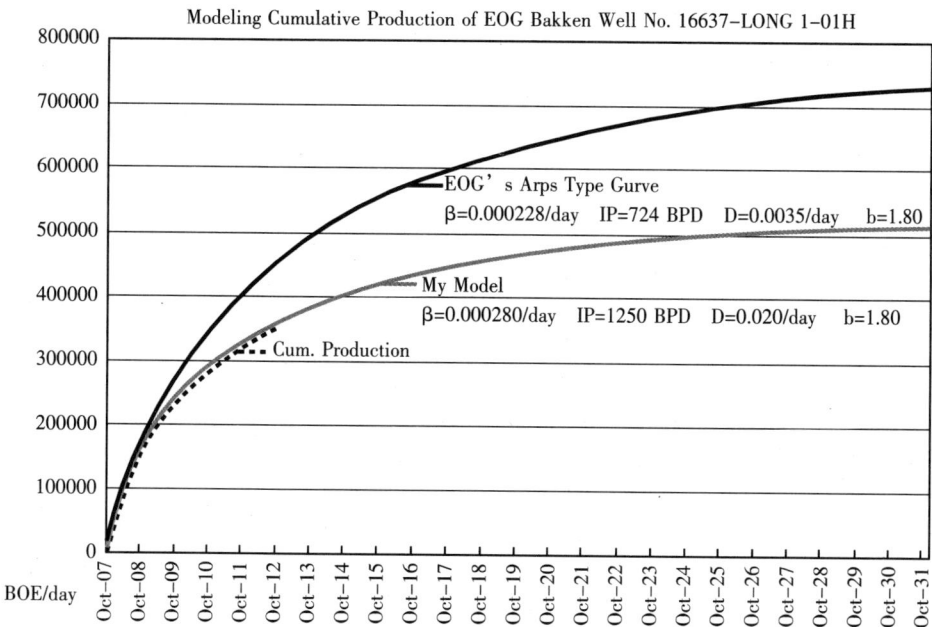

图 4-8　累积产量线比较

资料来源：JJ2000426 的博客文章。

型油气井或以平均数来表示的油气井的单井，不具有代表性。

(二) 油气井的单井产量预测中要注意的问题

油气井的单井产量预测的目的是通过单井这个"点"看到油气区块或整个油气藏这个"面"的情况。影响油气井的单井产量递减分析结果可信度的因素不少。油气井的单井产量递减分析结果的可信度有问题会影响到对油气区块或整个油气藏（田）这个"面"情况判断的可信度。选取的油气井的单井产量如何能更好地代表油气区块或整个油气藏（田）是投资者分析单井投资收益时需要深入分析的地方。

2012 年 7 月，能源顾问詹姆斯·梅森（James Mason）发表了一篇研究报告《通过重新调查气井生产状况分析评估费耶特维尔（Fayetteville）天然气田的天然气生产潜力》，这篇文章提到影响页岩气田产量预测可信度的几个因素。以下几点是针对一般的油气井来说的。

（1）选择单井样本的代表性因素。研究分析一个油气区块或整个油气田的油气井的单井产量递减，这里单井不是指具体某一个井，通常是指选择一组井。所选择的一组油气井能否代表一个油气区块或整个油气田是研究分析的关键问题。詹姆斯·梅森解释了他研究样本的选择。2012 年研究报告是对他的 2011 年研究报告的补充，他在 2011 年研究报告中指出：作为研究样本的气井，其产量存在差异，但是这些气井是紧密相连的，各气井产量的差别不大。他的 2011 年研究报告未探讨钻井的风险。不用说，页岩气钻井涉及风险。对油气公司和投资者来说，一组油气井的平均产量是关键。平均单井最终采收估算量是重要的，因为它要被作为某个将要钻探区块的储量估算的依据。所以，用来说明产量递减的油气井的单井产量是一组有代表性油气井的平均产量。

此外，选择样本井能反映油气公司在油气生产区的最新情况，因为生产区的油气井产量数据随时间不断变化。

（2）油气井生产期长短确定。油气井生产期长短直接影响平均单井最终采收估算量。詹姆斯·梅森的 2012 年研究报告提到，平均单井最终采收量的估算是基于单井 30 年的生产期，这比 2011 年研究报告把单井生产期定为 40 年的做法保守。

（3）长期递减曲线可靠性的问题。詹姆斯·梅森指出，费耶特维尔气田的生产时间不长，对长期产量递减趋势没有把握。用双曲递减公式计算出的气井平均年产量递减率在生产期是连续递减的。气井平均年产量递减率连续递减引起大争议，因为长期的年产量递减率（平均数）实际情况如何，谁也不知道。

平均单井最终采收量（EURs）和产量长期递减率（这影响到储量估算值）引起争议是有原因的。准确地确定长期的产量递减率会遇到问题，因为水平井与水力压裂的历史短暂。在费耶特维尔地区，页岩水平井水力压裂生产的历史短，到 2012 年 7 月才五年，在这么短的历史中是不可能准确掌握油气井的平均单井产量长期递减率的。费耶特维尔地区页岩气生产这五年时间的平均年产量递减率分别是：第二年和第一年比为-49%；第三年和第二年比为-36%；第四年和第三年比为-29%；第五年和第四年比为-16%。

（4）最终采收量对尾项年产量递减率的敏感性分析。为了提高气井平均产量估算模型的计算结果的可靠程度，詹姆斯·梅森更谨慎地选取末尾年的平均月产量递减率（这是一个常数）、0.5%（年递减率 6%）和 0.83%（年递减率 10%），以进行气井最终采收量对尾项年产量递减率变化的敏感性分析。双曲递减公式所生成的油气井的平均单井产量递减曲线是基准线。敏感性分析的内容：油气井的平均单井产量递减曲线对两个尾项年产量递减率（按月平均）的响应。尾项年产量递减率起作用的时间由双曲递减曲线的基准线轨迹来确定。也就是说，经济极限值出现的时间即为当双曲递减公式计算得出的尾项月产量递减率等于所设定的尾项月产量递减率（常数）时的某月。

三、高阶产量递减分析法（Advanced Production Decline Analysis）

高阶产量递减分析法把油气井在生产期井口生产条件的变化考虑进去，以便建立更好的预测模型去预测油气井的产量（因为考虑了油气井在生产期井口具体的生产条件，所以把此时的产量递减分析叫高阶产量递减分析更合适）。该方法是利用一系列理论流量方程来预测产量，也就是有众多的递减曲线可供选择用来预测产量。对这种方法名称也是不统一，有人称为阶产量递减分析（Advanced Production Decline Analysis），或现代产量递减分析（Modern Production Decline Analysis），或瞬态递减分析（Transient Rate Decline, or Rate Transient Analysis (RTA)）。有一点可以肯定，这种方法借鉴了试井分析和经验式产量递减分析的一些做法。

在过去的 20 多年中，伴随着井口测压和流量计量技术的进步，油气井现代产量递减分析技术得到了迅速的发展。[①]

美国学者埃里克·彭纳认为，使用高阶曲线分析法预测产量比使用一般的递减曲线分析法预测产量更准确，其理由如下：

1. 利用油气藏的物理特性

高阶曲线分析使用实际可测的油气藏物理特性来估算油气井的未来产量。高阶曲线分析考虑油气藏物理特性：孔隙度、井控面积、压裂宽度和长度、气体（原油）稠度等，以便获得更准确的产量预测结果。

2. 允许井口产量的改变

高阶曲线分析可以允许采取油气井产量控制的措施，比如油（气）嘴大小、井口压力、封井时间等。如果产量措施变了，再找出反映油气井生产新情况的新曲线，可用它进行产量预测。

关于典型曲线和高阶曲线两词语使用的说明。埃里克·彭纳在他撰写的文章《页岩气生产项目投资经济效益的分析》中提到：在递减曲线分析法和经验法则法的应用中，简单递减曲线分析法和经验法则法（Less Sophisticated Decline Curve and Rule of Thumb Methods）常被认为是 Type Curve（高阶曲线法），这种称法是不对的，但常在行业分析报告和面向投资者的宣传资料中看到这种称法。依据埃里克的看法，Type Curve 只指"高阶曲线"。笔者查阅不少有关油气产量递减曲线分析的英文资料后发现，很多时候，用 Type Curve 一词来表示简单递减曲线（Less Sophisticated Decline Curve）。简单递减曲线，笔者称为典型曲线，以区别于"高阶曲线"一词。产量递减典型曲线是指某种类型油气藏（田）产量递减的代表性曲线，通常是指油气井的单井产量递减典型曲线。在某种类型油气藏（田）中，油气井的单井实际产量围绕该类型油气藏（田）的单井产量递减典型曲线上下变动。

四、第四种预测产量的方法

油气藏数值模拟（Reservoir Simulation）是随着电子计算机的出现和发展而成长的一门新学科，是指利用计算机求解油气藏数学模型，模拟地下有水流动，给出某时刻油水分布，以预测油气藏动态，这在国内外取得了迅速的发展和广泛

[①] 孙贺东. 油气井现代产量递减分析方法及应用 [M]. 北京：石油工业出版社，2013.

的应用。该方法可以模拟整个油气藏和油气井之间的相互作用。该方法采用了复杂的算法，需要更多的数据和参数，计算机需要更强计算能力，因此，得到的模拟结果更准确。1953 年，美国 G.H.Buce 等人发表了《孔隙介质不稳定气体渗流的计算》后，为用数值方法计算油气藏渗流问题开辟了道路。30 多年来，由于大型快速电子计算机的迅速发展，大大地促进了数值模拟方法的广泛应用。20 世纪 60 年代初期研究了多维多相的黑油模型；20 世纪 70 年代初期研究了组分模型、混相模型和热力采油模型；20 世纪 70 年代末期研究各种化学驱油模型。油气藏数值模拟随着油气行业的发展不断有新的进展。

第四节　油气井的单井投资经济效益估算

油气井的单井投资经济效益估算要考察的内容是收入、支出、回本以及收益的情况，支出方面科目有资本支出、经营费用和各种税收和矿区使用费。矿区使用费（Royalty）是指作为油藏消耗对东道国政府或矿产所有者（出租人）的回报，通过支付矿区使用费，生产者（承租人/合同者）得以使用石油资源。在确定了单井的收入和支出情况后，就可以应用收益法进行单井的净现值（NPV）和内部收益率（IRR）计算，油气井的单井投资经济效益的估算结果可以用来比较钻井机会的价值。

一、建立油气井投资经济效益估算的数学模型

油气井投资经济效益的估算方法是相当复杂的，需要复杂的计量模型和油气专业人士。在油气井投资经济效益估算方法的实际应用中，人们尽可能够使用相对简单的方法。一般来说，影响油气井的单井投资经济效益的因素有八个，这八个因素是：

（1）钻井和完井成本——油气井钻探的成本及生产前的准备工作完成的成本。

（2）营运支出——持续营运、维护的成本。

（3）应交税金——政府机构基于石油和天然气生产的税。

（4）矿区使用费——付给井位拥有者的采矿权使用费。

（5）初期产量——油气井投产初期的产量。

（6）递减曲线——表示油气井生产期产量递减变动的曲线。

（7）最终采收率（EUR）——最终将被采收的石油和天然气数量。

（8）商品价格——油气的销售价格。

二、两个油气井的单井投资经济效益估算结果例子

下面两个油气井的单井投资经济效益的估算结果，一个属于一家美国的油气公司美国 Carrizo Oil & Gas 公司（在美国纳斯达克上市，股票代码：CRZO），另一个属于一家加拿大的油气公司拓克油气公司（TORC Oil & Gas Ltd.，在多伦多证券交易所上市，股票代码：TOG）。

美国 Carrizo Oil & Gas 公司在美国鹰滩页岩地区油气井产量递减曲线如图 4-9 所示。

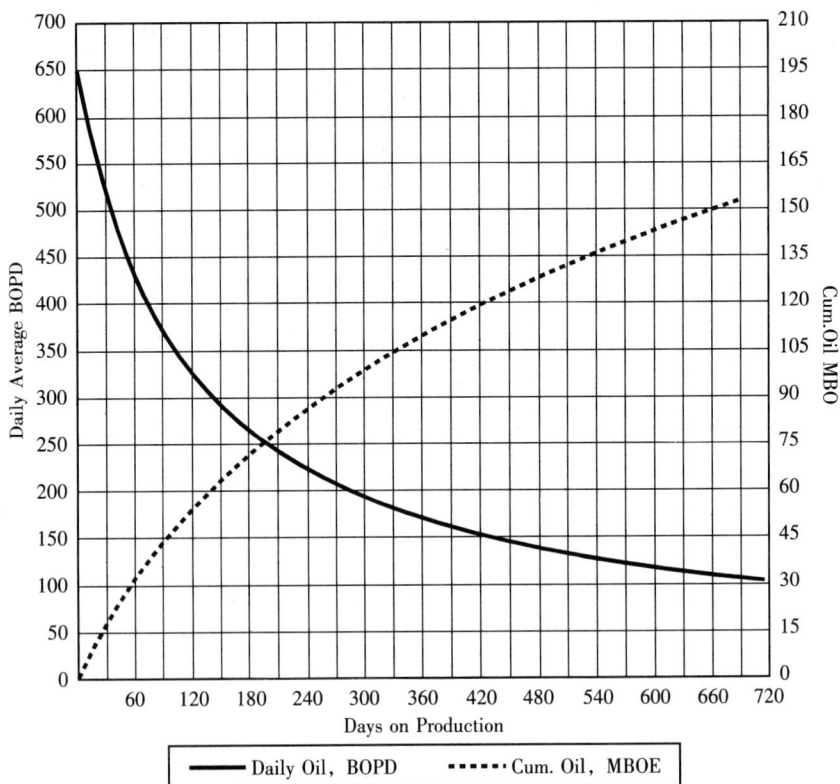

图 4-9　Carrizo Oil & Gas 油气井产量递减曲线

资料来源：Carrizo Oil & Gas 2014 年 10 月的宣传资料。

美国 Carrizo Oil & Gas 公司在美国鹰滩页岩地区开发页岩油气资源，油气井的单井投资经济效益的估算结果如表 4-3 所示。

表 4-3　鹰滩油气经济效益估算结果

		典型曲线（Type Curve）
钻井完井总成本（Total Well Cost）		750 万美元
压裂段数（Frac Stages）		25 段
钻探水平长度（Lateral Length）		6005 英尺
最终采收量（EUR）	总计（Gross）	52.3 万桶油当量
	原油（Oil Only）	41.8 万桶
	净（Net）	40 万桶油当量
发现和开发成本（F&D Cost）		18.75 美元/桶
内部报酬率（IRR）净现值（NPV）	纽约商交所（NYMEX）原油价格 100 美元	内部报酬率 129%净现值 990 万美元
	纽约商交所（NYMEX）原油价格 85 美元	内部报酬率 74%净现值 710 万美元
	纽约商交所（NYMEX）原油价格 70 美元	内部报酬率 43%净现值 430 万美元
投资资本回收期（Payback），未折现，纽约商交所原油价格 85 美元		1.4 年

注：油气井的单井投资经济效益估算没有考虑本油田生产的原油对纽约商交所原油价格的溢价或折价，天然气价格 4 美元/千立方英尺，凝析油价格为纽约商交所原油价格的 27%。

资料来源：Carrizo Oil & Gas 2014 年 6 月的宣传资料。

加拿大拓克油气公司在加拿大埃尔伯塔省 Cardium 储层的油气井产量递减典型曲线如图 4-10 所示。

加拿大拓克油气公司在加拿大埃尔伯塔省开发 Cardium 油气储层，油气井的单井投资经济效益估算的结果如表 4-4 所示。

三、Google 公司简易油气井的单井投资经济效益估算的电子计算表格

利用电子计算表格软件估算油气井的单井投资经济效益是一种简易的方法，有公司开发出简易油气井的单井投资经济效益估算的软件包，如有一款软件叫 Petroleum Evaluator。利用电子计算表格软件估算油气井的单井投资经济效益的准确程度取决于输入数据的可靠程度。可以利用油气井的单井投资经济效益明细表模板，快速制作出大方、简单、明了的电子表格。Google 公司设计的油气井的单井投资经济效益电子计算表格样式如表 4-5 所示。

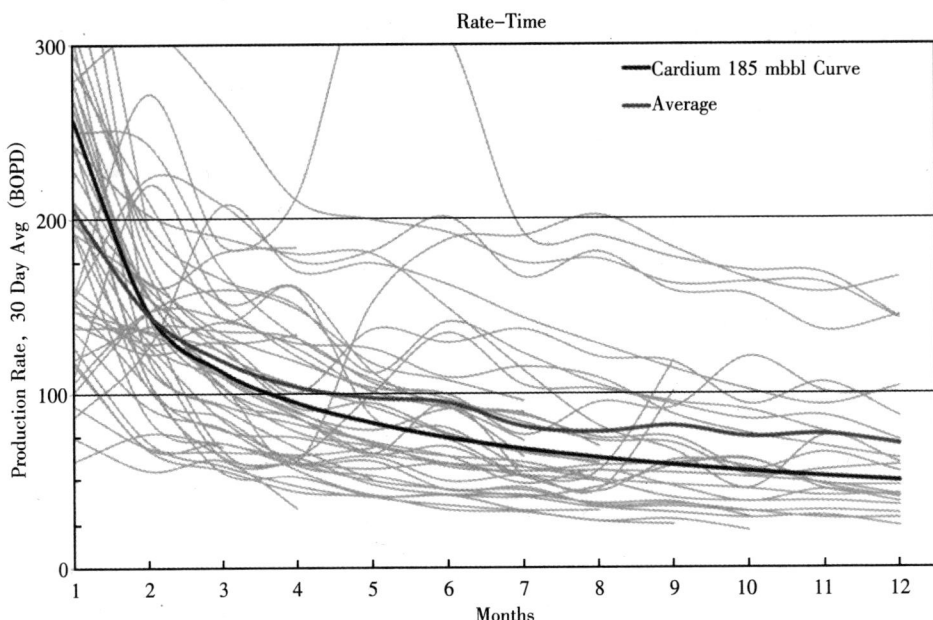

图4-10 Cardium 储层的油气井产量递减曲线

注：从 2012 年第四季度开始，TORC Oil & Gas Ltd. 选择开发井位并钻井开发，避开含气比高的区域。

资料来源：2014 年 10 月 TORC Oil & Gas Ltd.的宣传资料。

表4-4 埃尔伯塔投资经济效益估算使用的指标

钻井完井成本（DCE&T）	350 万加元
365 天日平均产量初期值 IP（365）	93 桶油 115 桶油当量
可采出量（Reserves）或最终采收量（EUR）	18.5 万桶油 23 万桶油当量
资本利用效率（Capital Efficiency）	30500 加元/桶油当量/日
储量成本（Reserve Cost）或 F&D 成本	15.3 加元/桶油当量
净现值 NPV 10	400 万加元
利润与钻井完井成本比（Profit to Investment Ratio）	1.1
投资回报率（Rate of Return）或 IRR	69%
钻井完井成本回收期（Payout）	1.5 年
营运净回值（Operating Netback）（$90 Edm Lt）	约 50 加元/桶油当量
成本净回值率（Recycle Ratio）	3.3 倍

注：①估算是依据 Sproule 评估公司 2013 年 7 月 31 日提供的价格；②成本净回值率，通过计算每桶油当量的净回值与当年每桶油当量储量的发现、开发和收购成本（F&D）的比值求得该比率。

资料来源：2014 年 10 月 TORC Oil & Gas Ltd.的宣传资料。

表 4-5 Google 公司简易的油气井的单井投资经济效益估算表

第几个月	钻井完井成本	原油日均产量	原油价格（$）	矿区使用费（%）	油井作业成本（$）	净现金流量（$）
1	4000000					−4000000.00
2	0	400	100	5	15	960000.00
⋮						
14	0	136.504383	102	30	15	222001.98
⋮						
30	0	82.35038166	105	30	16	142666.73
⋮						
99	0	28.66967336	117	30	18	55516.84
⋮						
250	0	3.709177017	151	30	23	9215.06

输入数据	
钻井完井成本	4000000.00
初始产量（桶/日）	400
第一年递减率	70%
第二年递减率	35%
第三年递减率	25%
第四年递减率	20%
最后递减率	15%
初始原油售价	$100
原油售价年增	2%
矿区使用费首年	5%
资源使用费往后年份	30%
作业成本（每桶）	$15
作业成本年增	2%
输出结果	
净资产价值（NAV）	943401.20
内部报酬率（IRR）	15%

注：净资产价值（Net Asset Value, NAV），净现值扣除一些项目后就等于净资产价值。

四、钻井完井成本回收期（PAYOUT）在石油开发中的意义

钻井完井成本回收期指油气井投产后通过累计可支配的现金流量收回投资资本的时间。油气田开发要不断开发新井，一口开发井开井完后投入生产，应尽快回收投资资本，回收的投资资本再用于下一口开发井钻探。靠内生的资金搞开发对小公司特别重要，因为钻井完井成本回收期成为小公司成长的竞争优势。以下

是湾点能源公司（Crescent Point Energy，多伦多证券交易所上市，股票代码：CPG）两种类型油气井钻井完井成本回收的时间，分别是 12 个月和 36 个月，如图 4-11 所示。

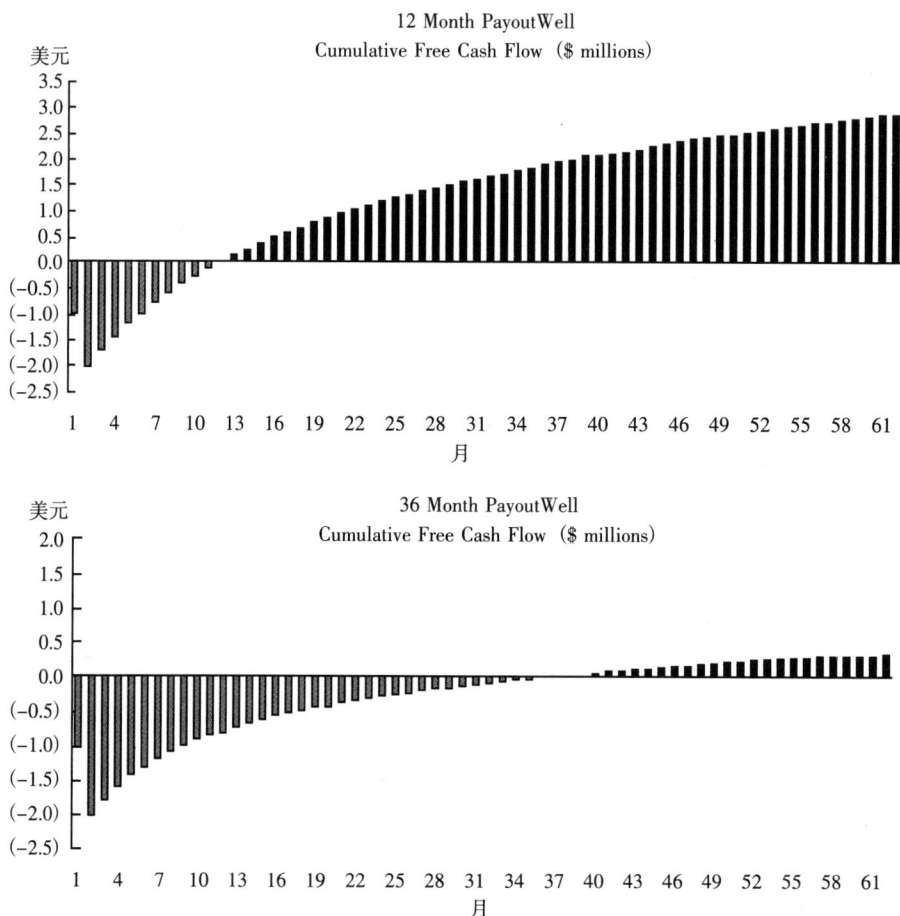

图 4-11　成本回收的时间

资料来源：2014 年 11 月 Crescent Point Energy 公司的宣传资料。

五、钻井和完井成本下降对油气井的单井投资经济效益的影响

对新技术和新方法的采用，比如一个井场钻多口井，经验因素和熟练程度提高，边远地区服务外包等原因会引起钻井和完井成本的降低。

2014 年 7 月 28 日，战略油气公司（Strategic Oil & Gas，多伦多证券交易所创业板上市，代码：SOG）报告位于埃尔伯塔北部 11~24 号水平井开始投产，该

井钻井和完井成本为 3900 万加元，比同类型油气区块的平均单井钻井和完井成本下降 25%，油井投资收益上升。

Delphi Energy 采用新压裂技术，大幅度改善了油气井产量情况，加快钻井完井投资资本的回收。

本章回答了以下几个问题：用什么方法估算油气井的单井投资经济效益？需要什么样数据？这些数据是怎样的？输入数据的准确度自然影响到油气井的单井投资经济效益估算结果的准确度。油气井的单井投资经济效益这里是油气区块"点"上的投资经济效益，下一章将从"面"上看油气开发项目投资经济效益。

第五章 油气开发项目投资经济效益

内容提示：评价油气开发项目投资经济效益需要综合考虑各种影响因素，油气井的单井投资经济效益是构成油气开发项目投资经济效益的基本单元。为了行文简便，有时把"油气井的单井投资经济效益"简称为"单井投资经济效益"。

第一节 油气开发项目投资经济效益与单井投资经济效益的关系

油气开发项目指油气藏（田）开发项目，或油气区块开发项目。油气开发项目投资经济效益和单井投资经济效益的关系：①油气井的单井投资经济效益是构成油气开发项目投资经济效益的基本单元；②油气开发项目整体投资经济效益取决于要素的结合方式，各个要素在项目运行中会体现出对项目整体投资经济效益的影响；③油气开发项目投资经济效益受规模经营因素的影响，油气开发井数量达到一定规模可能产生规模效应。

王涛在《90年代初如何艰难勘探开发塔里木石油》一文中谈到塔里木盆地油气开发中油气井的单井投资经济效益对油气开发项目整体投资经济效益的影响。

塔里木盆地条件差，油气埋藏深，一般井深都在5000米左右，勘探成本是比较高，但是油气井的单井产量高，一口井相当于东部十几口井的平均产量，总的算下来，投资效益是好的。事实上，1989年至1993年，塔里木会战4年中发现6个整装油气田、19个工业性含油气构造，找到了塔北、塔中两个大油气富集区，探明和基本探明油气储量3亿吨，建设500万吨产能的油气资源基本落实。1993 年生产原油 160 万吨。这些成果，与当年胜利、辽河石油会战前 4 年的成果基本相当。塔里木每探明 1 亿吨油气储量的费用为 13.9 亿元，建成 100 万吨原油生产能力的费用为 10.5 亿元，均优于同期全国陆上平均水平。

油气井的单井对油气开发项目来说就像果园中一棵棵的果树，单井投资经济效益是油气开发项目投资经济效益估算的基本单元。上一章分析了油气产量递减规律对油气井生产的影响。对油气公司投资经济效益的预测，通常的方法是由单井投资经济效益分析开始，然后上升到油气开发项目投资经济效益分析，再上升到油气公司整体投资经济效益分析，这是从点到面的综合方法。

第二节　单井投资经济效益的差异情况对油气开发项目投资经济效益的影响

一、不同的油气开发项目有不同的单井产量差异和区域分布情况

就像果树，果树产量有高产、中产和低产之分，油气井产量也有高产、中产和低产之分。不同的油气开发项目，其油气单井产量差异和区域分布情况是不同的。以冀东南堡油田为例，冀东南堡油田在后来大面积建立输油管线和大面积钻井后，出来的油井产量构成是三个 1/3：1/3 高产、1/3 低产、1/3 空井[①]。在美国，有的油气区块，需要找到油气富集区才有比较好的商业开采价值。又如，在英国伦敦证券交易所上市的 Gulf Keystone 公司在伊拉克库尔德地区 Shaikan 油田的油井日产量情况：

Shaikan-1 发现井直井日产 18038 桶油。

Shaikan-2 评价井直井日产 16786 桶油。

Shaikan-3 评价井直井日产 9805 桶油。

Shaikan-4 评价井直井日产 14205 桶油。

Shaikan-5 评价井直井日产 4450 桶油。

---

① 搜狐财经：《今日主角》第 201 期。

Shaikan 油田的例子说明在同一块油田中各油井产量有很大的差异。

二、单井投资经济效益的差异分布情况影响油气开发项目投资经济效益

油气井投资经济效益的差异分布情况影响油气开发项目投资经济收益。比如，冀东南堡油田原来公告的地质储量与后来深入勘探后确定的规模差别比较大，原来依据少数油井日产估算油田可能是高产大油田，而后来深入勘探后确定的地质储量规模则依据更多油井的产量，实际的油井产量构成：1/3 高产、1/3 低产、1/3 空井。冀东南堡油田实际的投资经济效益和原来设想的投资经济效益大不一样。

2007 年，媒体报道冀东南堡油田是一个整装、优质、高效油田。储量规模大、油层厚度大，平均单井钻遇油层厚度达到 80~100 米；单井产量高、储量丰度高，已试油的直井单井日产 80~100 吨，水平井单井日产 200~500 吨，油田储量丰度达 507 万吨/平方米；油层物性好、油品质量好、试采效果好，主要目的层埋深为 1800~2800 米。

据 2013 年搜狐财经报道，钻井人员后来发现其储量小于预期，这片油田的储量被高估了，而且还需继续勘探以确定其规模。中石油董事会助理秘书蒋立新说，中石油发现冀东地区的情况比预想的要复杂，储量没有原计划宣布的大。

第三节　规模经营因素影响油气开发项目投资经济效益

与农业经营相似，油气开发项目的投资同样要考虑规模经营问题。比如，新野勘探公司（Newfield Exploration Company，纽约证券交易所上市，股票代码：NFX）出于追求规模经营的考虑调整投资战略。2014 年 2 月 11 日，新野勘探公司宣布完成了其在马来西亚近海油气业务出售给 Sapura Kencana Petroleum Berhad 公司的交易，已收到款项总金额大约 8.98 亿美元。新野公司执行副总裁兼首席财务官马萨罗·拉里（Larry Massaro）说："今天宣布的内容与我们的三年

计划基本目标相一致。这项资产销售进一步证明了我们的意图。我们的意图是出售非战略性资产获得现金,提高资产组合质量,加快国内油气业务增长,并增强资产负债表稳健性。我们未来的投资将是高回报的有规模的开发投资,我们可以通过不断利用我们在钻井和完井方面的核心竞争力提升公司的价值。"

油气开发项目的规模经营有三种情况:

(1)就某个油气区块而言,随着油气开发井的增加,油气总产量上升,每桶油当量的营运成本下降。例如,战略油气公司 Strategic Oil & Gas 产量和营运净回值对比如图 5-1 所示。

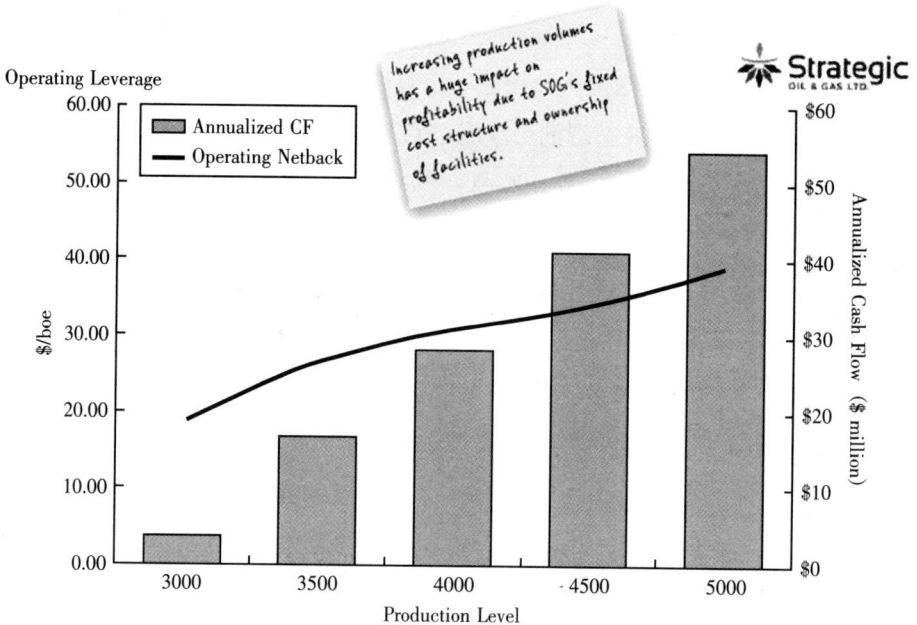

图 5-1 产量与营运净回值对比

注:①Non-Steen Production is approximately 1200 BOED;②Pricing Assumptions-$95/bbl WTI pricing $3.50/GJ AECO.

资料来源:Strategic Oil & Gas 公司的宣传资料。

再看 Bellatrix Exploration Ltd.的情况,该公司产量与每桶油当量营运成本比较如图 5-2 所示。

油气田规模经营对油气田开发成本的影响还表现以下几个方面:在一个油气区块钻井数量增加形成一定规模,钻井完井成本下降;分摊到每桶油当量上的基础设施成本下降;持续钻井带来油田服务成本下降;钻井形成规模后钻机移动距

AVERAGE ANNUAL PRODUCTION INCREASE

■ Average Production（boe/d）

```
                                                    +/-41000
                                    524%
                                              21830
                                    16686
                        11954
              8519
     6572

   Q42009    2010    2011    2012    2013    2014e
```

TOTAL OPERATING EXPENSE（$/BOE）

```
20
18
16
14                              59%
12
10
 8
 6
 4
 2
 0
   Q42008   2009   2010   2011   2012   2013   2014e
```

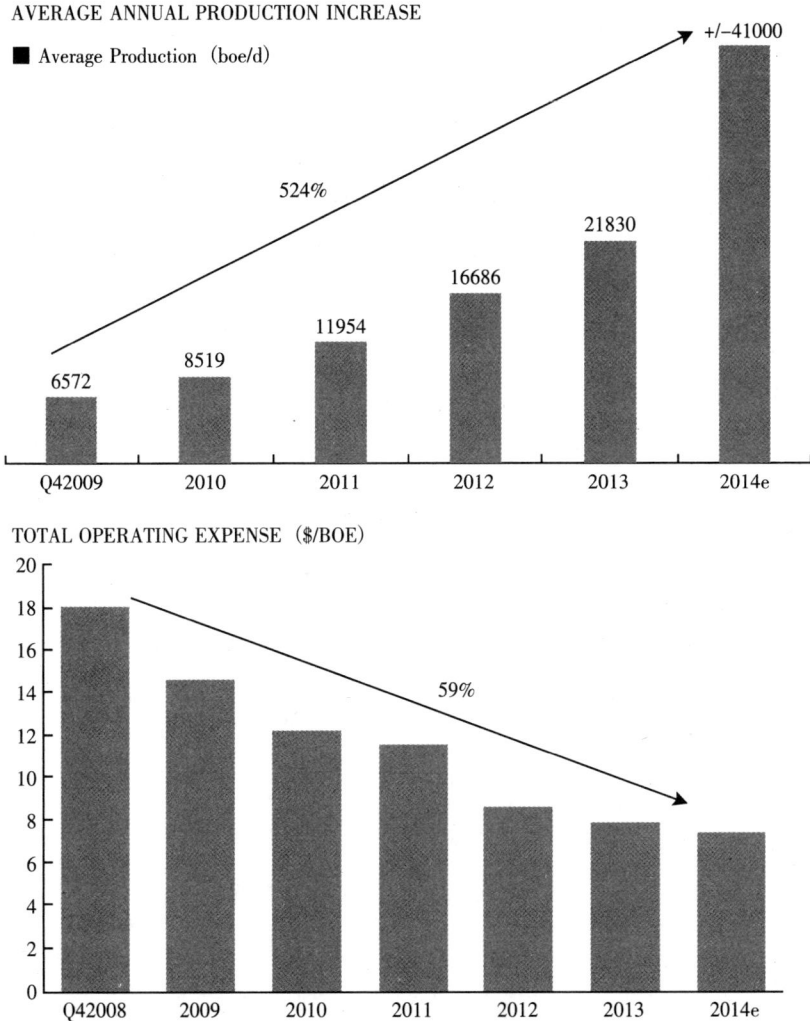

图 5-2　公司产量与每桶油当量营运成本比较

资料来源：Bellatrix Exploration Ltd.宣传资料。

离缩短带来的费用开支减少。

（2）某些油气田的油气储量要足够大，开发起来才会有盈利可能。安崔能源公司（Antrim Energy Inc，多伦多证券交易所创业板上市，股票代码：AEN）在英国北海进行多年油气勘探，发现了一个小油田，但是该海上油田规模小，开采一段时间发现不赚钱、不经济，便停止了开采业务。海上油田开发，设施投入大，设施维护成本高，如果油田规模小，开发投资的经济效益是关键问题。

（3）油气田会出现增产不增收情况，短期产量上去，长期看投资效益不好，类似于农田增产不增收的情况。

第四节　钻井成功率是影响油气开发项目投资经济效益的重要因素

不同的油气田、油气区块和油气公司的钻井成功率不一样。钻井成功率是影响油气开发项目成本的重要因素。

内蒙古银额盆地钻探的 10 口探井中，仅在 1 口井中获工业油流，2 口井中获低产油流。银额盆地能否有二连盆地的辉煌，能否成为一个新的石油工业基地，这是石油地质学家、勘探家十分关注的。

塔洛石油集团勘查井和评价钻井成功率，其公司网站提供了自 2008 年以来所有年份的勘查和评价钻井结果的信息。2013 年，钻出 57 口勘查和评价井，其中 37 口钻井发现了碳氢化合物，成功率 65%。其他年份的数据如下：

2012 年钻 46 口井，34 口井发现了油气，成功率是 74%。

2011 年钻 35 口井，26 口井发现了油气，成功率是 74%。

2010 年钻 29 口井，24 口井发现了油气，成功率是 83%。

2009 年钻 15 口井，13 口井发现了油气，成功率是 87%。

2008 年钻 22 口井，17 口井发现了油气，成功率是 77%。

2012 年潜能恒信能源技术股份有限公司签订了一项合同，为中国石油塔里木油田分公司提供技术服务，服务内容是重点组织塔中北斜坡海相碳酸盐岩凝析气田整体评价等相关科研与井位优选配套技术攻关，提供勘探开发所需碳酸盐岩 150 口井位部署研究，确保碳酸盐岩钻井成功率达到 85% 及以上、高效井的比例达到 40% 及以上。

第五节 财力是影响油气开发项目投资经济效益实现的重要因素

油气田稳产和增产需要持续的资本投入。油气产量递减率是控制产能变化的主要因素，就像一个成年人的劳动能力，衰老是人劳动能力下降不可抗拒的内在因素；从个体来说，油气井产能自然递减是油气井不可抗拒的内在因素；从整体来说，油气田产能自然递减是油气田不可抗拒的内在因素。虽然利用各种增产措施可以缓解油气井或油气田产能的递减，也可以延长油气井或油气田的生产期限，但油气井或油气田产量递减的因素总是存在。利用各种增产措施后就有了油气产能综合递减率。油气产能综合递减率比自然递减率低，但这需要投入相应的人力、物力和财力，追求油气综合递减率比自然递减率低有限度，即不要出现增产不增收的情况，也就是说增加的资本投入带来的收益不应该是负数。

TORC 油气公司在加拿大萨斯喀彻温省西南一块油田产量长期趋势预测情况如图 5-3 所示。

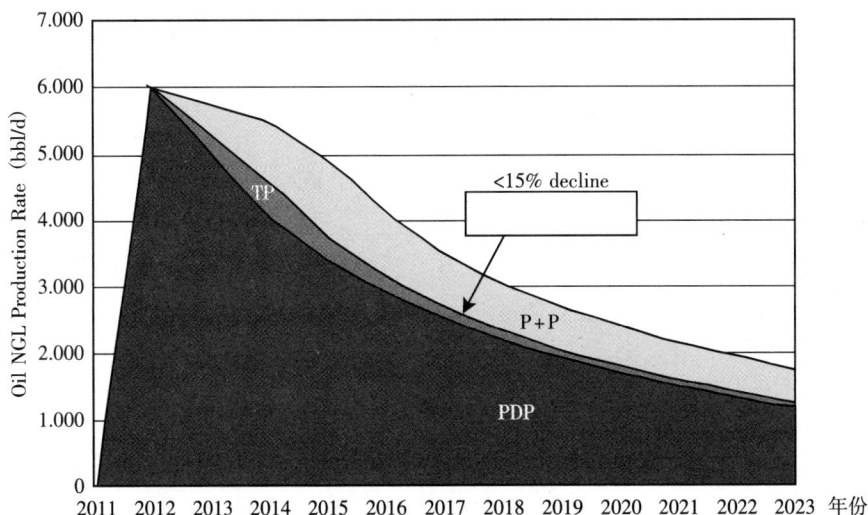

图 5-3 产量递减长期趋势

注：P+P 表示概算储量+可采储量；TP 表示总探明；PDP 表示已开发储量。

资料来源：GU Reportdated ceoember 31，2012.

一、一般油气田稳产要持续地资本投入的例子

衡量油气公司油气产能通常用两个指标：年终时点产量（出线量）和一年中日均产量。例如，2014年8月21日加拿大卡尔加里LGX油气公司发布公告称，该公司目前预计2014年油气产能即日平均产量约1000桶油当量，2014年终日产能即日产油气1500桶油当量（高出2013年终日产油气量的目标，约67%）。油气投资一个显著特点是要稳产、持续地资本投资。例如帕乐科斯资源公司（Parex Resources TSX：V.PXT）的例子。

2014年10月16日，帕乐科斯资源公司发布公告称已有2015年初步预算的计划：该公司2015年将需要大约1.5亿美元的维持资本，以保证2015年全年日均产量保持2014年第四季度的日均产量水平，2014年第四季度平均日产量达26000桶油当量，并假设油价处在当前布伦特价位85美元/桶。该公司预计2015年现金流量为3亿美元。帕乐科斯资源公司要稳定当前原油产量水平直到2015年底就需要一大笔的维持资本支出。如果帕乐科斯资源公司不能从原油生产业务中获得足够现金流，或者其他资金来源渠道无法保证维持资本支出的需要，该公司2015年原油产量的目标就无法实现。从预计的2015年现金流量来看，该公司能保证2015年维持资本支出的需要。

又如，三部曲能源公司（Trilogy Energy Corp.，多伦多证券交易所上市，股票代码：TET）油气田开发项目Kaybob Montney Oil Pool Development的2011~2014年资本投入和油气田产能对比如表5-1所示。

表5-1 资本投入与油气田产能对比

单位：百万加元

	2011年	2012年	2013年	2014年（预计）	总预计
已钻井数（口）	22	24	31	30	107
钻/完井成本	98	109	133	120	460
地面设施	33	51	33	15	132
土地	36				36
总资本支出	167	160	166	135	628
平均产量（桶油当量/日）	2446	9829	11653	12000	
总产量（千桶油当量）	893	3597	4280	4380	13157
主营业务盈利	54	172	199	205	630

资料来源：2014年12月三部曲能源公司的介绍文本。

从表 5-1 看到三部曲能源公司 2012~2014 年油气井数量增长的速度远远大于油气田产能增长的速度，每年保持大笔的钻井和完井资本开支及相应的地面设施支出。三部曲能源公司油气田开发项目 Kaybob Montney Oil Pool Development 的资本投入情况表明，每年持续的资本投入是油气田稳产和增产的保证。

二、大气田稳产要不断增加资本投资的例子

2012 年 7 月能源顾问詹姆斯·梅森（James Mason）发表了一篇研究报告——《重新审视气井生产状况，分析评估费耶特维尔（Fayetteville）天然气田的天然气生产潜力》，该文对在费耶特维尔页岩气田的天然气年产量维持在 1 万亿立方英尺需要多少气井进行了分析预测。当时费耶特维尔页岩的天然气年产量接近 1 万亿立方英尺，詹姆斯·梅森对天然气产量水平 30 年保持年产 1 万亿立方英尺需要多少页岩气井进行了估计。气井产量递减率要求连续添加新气井，以保持稳定的天然气年产量水平。若以 2010 年平均单井年产量为基数，2010 年产 1 万亿立方英尺天然气需要 1869 口气井，那么天然气年产量水平 30 年保持 1 万亿立方英尺，最终气井累计数是 12188 口。若天然气年产量水平 30 年保持 1 万亿立方英尺，那么每年新增气井数和累计数如图 5-4 所示。

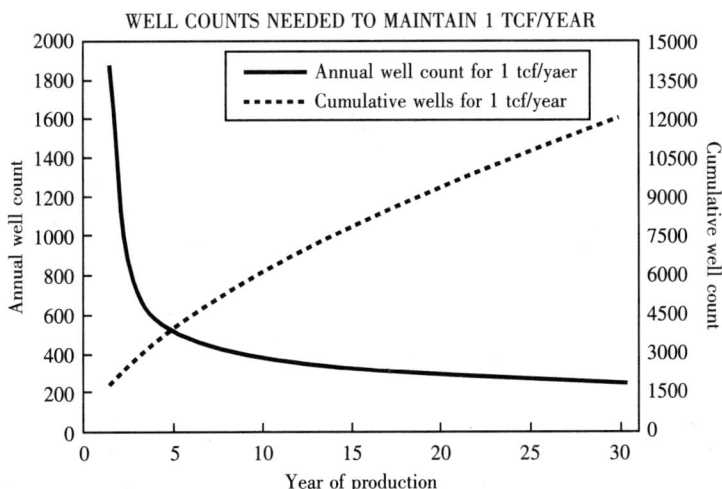

图 5-4 新增气井数和累计数

资料来源：詹姆斯·梅森的文章。

三、天然气田增产需要不断加大资本投入的例子

美国西南能源公司（Southwestern Energy Company，纽约证券交易所上市，股票代码：SWN）是一家天然气生产大公司，在美国勘探开发页岩气。该公司天然气年产量和开发钻井资本支出增加的情况如图 5-5 所示。

Production（Bcfe）

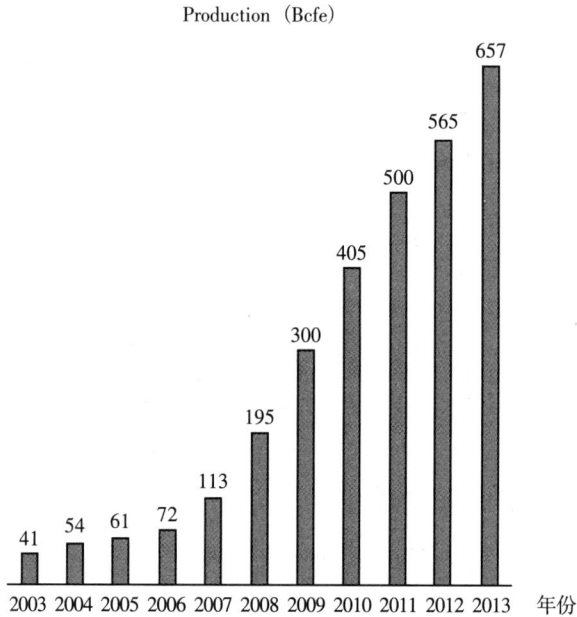

图 5-5　天然气年产量（亿立方英尺）

图 5-6 中灰条柱状体代表天然气开发钻井资本支出。

要稳定油气产量，就要求每年有一定量的资本投入，小的可以说是油气藏（田）、油气区块和油气公司稳产，大的可以说是油气生产国稳产，甚至全世界油气产业稳产，原因就是油气井投产后油气产量衰减规律在起作用。这是油气投资必须要面对的不利事实。在油气田投资方面常会遇有一个很现实的问题，你投入大量资金，但经过一段时间，油气田产量快速下降，产量变得很少，现金流也因此很小，最终会因资金链出问题陷入财务困境。

油气开发项目投资要取得好的经济效益，除了需要油气井的单井投资经济效益好和油气开发项目经营管理团队的能力强外，还需要其他条件支持。

($ Millions)

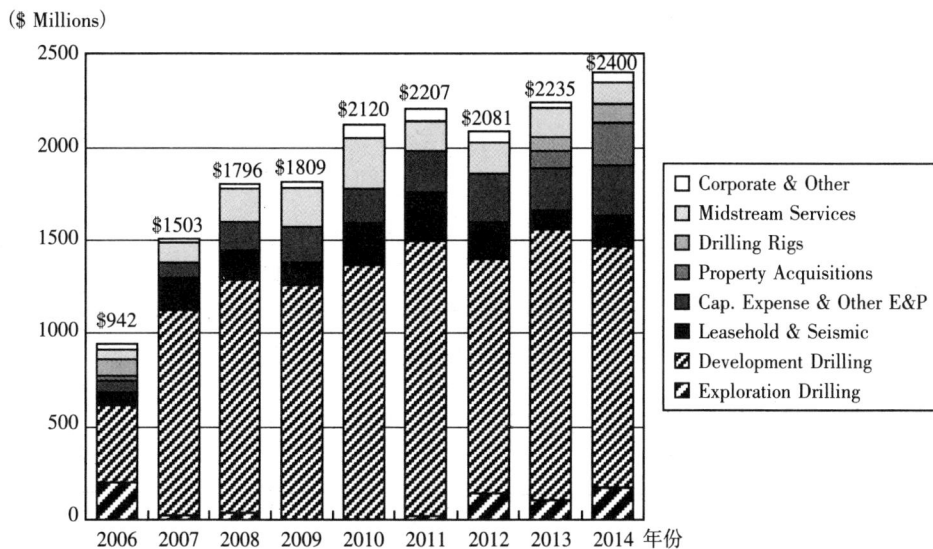

图 5-6 资本支出

资料来源：2014 年 10 月美国西南能源公司的公司介绍。

第六章 油气勘探和开发的风险及不确定性

内容提示：地质和市场风险与不确定性总是伴随油气勘探和开发投资。

第一节 油气勘探和开发伴随风险及不确定性

油气勘探是一项风险事业，油气勘探投资是一项风险投资。油气勘探的结果不确定，有多种可能的结果：发现油气有经济开采价值、发现油气没有经济开采价值、发现油气缺乏技术无法开采、没有发现油气（空井）等。油气勘探和开发会受到耐心、资金实力、技术、管理层组织领导能力、融资市场、地缘政治、油气市场等因素影响。2014 年 8 月 23 日媒体报道，中国石油大学能源战略研究院研究员刘乾表示，近段时间以来，正和股份、广汇能源等民营企业扎堆进入中亚的油田项目，这些公司主要是由于主业下滑谋求转型，而石油开采业收入与利润较为稳定，国家政策和国际环境也很适宜。不过刘乾提醒，石油开采作为能源产业的最上游产业，风险非常大，比如企业要面临巨额投资后的资金风险、稳定产出前的地理地质风险等。投资油气勘探和开发会遇到许多不确定性和风险，油气上市公司对投资者进行必要的风险提示是法律要求，美国和加拿大油气上市公司的信息公告按法律规定都附有与信息公告内容相对应的风险提示。

第二节　前瞻性陈述是上市公司的风险提示和免责声明

上市公司对公司披露信息的真实性、准确性和完整性负责，但是上市公司对未来事件和情况隐含的风险及不确定性不负责，所以这类附在信息公告后面的声明部分，有的称为免责申明，有的称为前瞻性陈述说明。相当于对油气上市公司来说，将来事件和情况若出现实际结果与原先预测或推测的内容不一样，不要怪公司，公司已申明在先，公司不负这种责任。

（1）什么是前瞻性陈述。除历史事实的陈述，所有陈述涉及公司主张、期望或者预期的公司业务、事件或发展事项，这些事情在未来将会或者可能会发生（包括但不限于资源、潜在资源和储量的估算，以及公司的勘探和开发计划及目标等方面的估计或假设，或者两者）都属于前瞻性陈述。

（2）前瞻性陈述的性质——其本身包含不确定性。前瞻性陈述是油气公司根据目前掌握的信息提出对未来的期望或看法，受到众多风险与不确定性的影响。这些风险和不确定性可能导致公司的实际结果与前瞻性陈述中谈论的内容有所不同。即使油气公司在现时已取得的实际业绩，或预期的业绩基本兑现，对油气公司而言也不能保证前瞻性陈述将有预期的结果或作用。

（3）油气公司提醒投资者不要过分相信前瞻性陈述。

（4）列明影响油气公司未来事件和情况的因素。影响油气公司未来事件和情况的因素是风险和不确定性。油气上市公司根据公告的未来事件和情况作有针对性的风险提示。对投资来说，不确定性就是风险因素。

第三节　油气勘探和开发遇到的常见风险及不确定性

要把所有油气勘探和开发涉及的风险及不确定性都列出来很难做到，笔者选一个比较好的公司作为例子来介绍油气勘探和开发遇到的常见风险及不确定性。如具有勘探和开发业务的丹尼溪能源公司（Donnycreek Energy，多伦多证券交易所创业板：DCK）。丹尼溪能源公司是一家加拿大的石油和天然气公司，位于埃尔伯塔中西部深盆地地区，主要从事富含凝析油蒙特尼地层（Montney）天然气资源勘探和开发。2014年6月26日，丹尼溪能源公司公布第三季度业绩及油气田业务更新的信息。该公司在信息公告中比较详细地提到与该公司业务发展关联的风险及不确定性。涉及该公司业务发展的内容属于前瞻性陈述，如在公司勘探区块上的油气井钻井时间、投入生产时间、钻井计划、勘探开发主要目标区。

1. 以前发生的事情不能保证未来同样的事一定会发生，未来事情具有不确定性

以前发生的事情不能保证未来同样的事一定会发生，这句话相当于说历史不一定会重复。前瞻性陈述是丹尼溪能源公司若干重要因素、预期和假设，利用这些因素、预期和假设而形成的陈述和信息可能被证明是不正确的。

虽然丹尼溪能源公司认为，体现在这些前瞻性陈述中的预期是合理的，但是投资者不应该过分依赖那些预期，因为丹尼溪能源公司不能保证那些预期将被证明是正确的。由于前瞻性陈述涉及未来事件和情况，以及由于其本身的性质，所以具有内在风险和不确定性。

2. 出现未来实际情况与预测不一样的原因：风险和不确定性

由于为数众多已知和未知的风险、不确定性和其他因素，可能导致事件或情况的实际结果与预测大不相同。许多造成实际结果与预测差别的因素都超出了丹尼溪能源公司的控制能力。造成实际结果与预测差别的因素包括但不限于：

（1）丹尼溪能源公司在勘探开发目标区的勘探和开发业务将是否成功，石油和天然气储量是否遇到，如果评估的油气储量遇到是否可以进行商业性开采；

（2）丹尼溪能源公司土地上的含油气储层最终大小和边界；

（3）丹尼溪能源公司土地上的钻井工作是否成功，如果钻井成功是否能保证得到开发；

（4）丹尼溪能源公司将是否继续按照过去一致的操作方式开展业务；

（5）钻探和开发结果能否与过去的一致；

（6）丹尼溪能源公司经营所处的经济和政治环境将是否保持正常稳定；

（7）钻探结果；

（8）油气田产量和递减率；

（9）目前行业状况将是否持续正常；

（10）管道铺设、储存和设施建设与扩建的时间和成本以及丹尼溪能源公司产品运输能力确保充足的能力；

（11）未来大宗商品价格；

（12）货币、汇率和利率；

（13）丹尼溪能源公司经营所在的司法管辖区有关资源使用（许可）费、税收和环境问题的监管框架；

（14）丹尼溪能源公司石油和天然气产品成功销售的能力 ；

（15）商品价格变化；

（16）本公司产品供应和需求的变化；

（17）意料之外的经营业绩或产量下降；

（18）税务或法律环境的变化；

（19）丹尼溪能源公司开发计划变化，或者执行丹尼溪能源公司矿业权资产营运操作的第三方计划变化；

（20）增加债务水平或偿债需求；

（21）丹尼溪能源公司石油和天然气储量和资源量估计不准确；

（22）条件有限制或不利资本市场，或者缺乏进入资本市场的通道；

（23）增加成本；

（24）缺乏合适的保险品种；

（25）竞争对手的冲击；

（26）其他的风险。

丹尼溪能源公司时常在公开披露文件中详细说明这些风险。

3. 了解更多风险披露信息的途径

需要有关一些风险、预期或假设和其他因素的更多信息，可在该公司年度信息表（截止日期 2013 年 7 月 31 日）和该公司编制的管理层讨论与分析报告（截止日期 2013 年 7 月 31 日）中找到。告诫读者不要过分依赖这些前瞻性表述。

4. 储量净现值评估的不确定性

有关储量的陈述就其性质而言是前瞻性陈述，因为它们涉及隐含的评估，而评估是基于某些估计和假设，评估得到的储量净现值是基于未来产生的净现金流。不应该认为预测的储量净现值代表公司油气资产的公允市场价值。

谁也不能保证估算的储量将被采收，或用于计算储量净现值的大宗商品价格。实际的原油、液化天然气和天然气储量可大于或小于本次报告提供的估算量。

5. 新情况出现不一定能即时更新

新闻稿包含前瞻性陈述，有截止日期。不管是新信息出现，或未来事件，或其他情况，丹尼溪能源公司都没有义务公开更新或修改任何前瞻性陈述，证券法律有要求的情况除外。

第四节　在不同场合或业务不同环节的风险及不确定性提示

一、HRT 公司在纳米比亚近海油气勘探风险的提示

2012 年 11 月 22 日，HRT 公司公布了著名的油气储量评估公司 DeGolyer & MacNaughton 关于纳米比亚海上勘探区块油气远景资源量的评估报告。该报告基于新的三维地震资料，确认 HRT 公司的纳米比亚近海勘探区块（石油勘探许可证号：PEL22、23、24、28）新的油气远景资源量。HRT 公司的纳米比亚近海勘探区块油气远景资源量：潜在资源量——平均已估风险净估值 74 亿桶油当量（BOE），其中 51 亿桶为原油和凝析油，另外 23 亿桶油当量为伴生气和非伴生气。从远景资源量看是个很大数字，很诱人，但能否找到谁也不知道，只有靠"钻头博士"、"说法"。结果是钻了 3 口井后，发现两口井是空井，另一口井发现有石油，但没有商业开采价值。说明这家公司的远景资源评价报告对纳米比亚近海远景资源评价的可信度非常低。HRT 公司在纳米比亚近海油气勘探时进行了风险提示公告，以下是 HRT 勘探业务的风险提示：

（1）条件潜在资源量和远景资源量评价报告包含很大程度不确定性，是基于推测，可能被证明是不准确；

（2）石油和天然气勘探和生产的固有风险；

（3）作为石油和天然气勘探和生产公司经营历史有限；

（4）钻井及其他业务发生事故的危险；

（5）钻进设备坏了或钻井失败；

（6）承包商或执行方出错；

（7）第三方承包商不履行义务。

二、长达石油和天然气公司 Longreach 钻井过程中的风险提示

2014 年 4 月 23 日，长达石油和天然气公司 Longreach 在摩洛哥西迪摩科塔（Sidi Moktar）陆上许可区块上科巴 1 号井准备开钻，将要钻探的目标地层是里阿斯统（Liassic）地层，有以下风险和不确定性：

（1）本公司在未来数周内成功完成科巴 1 号井钻探计划的能力；

（2）本公司避免在深处遇到钻进技术问题的能力，科巴 1 号井在类似深处钻探过程遇到了技术问题；

（3）本公司成功地钻过目标地层顶部并获得气体样品和侧壁岩芯的能力；

（4）本公司成功地验证 Kechoula 油气构造资源潜力的能力；

（5）本公司在比科巴 1 号井更深处遇到里阿斯统地层并确认科巴 1 号井勘探潜力的能力；

（6）成功地运用在科巴 1 号井执行的四步骤勘探方法和 Kechoula 构造理论的能力，让公司管理层复制在加拿大西部沉积盆地勘探的成功。

三、TAG 石油公司针对油气储层类型比较信息的风险提示

2014 年 7 月 24 日，TAG 石油有限公司（TSX：TAO；OTCQX：TAOIF）宣布位于新西兰东海岸盆地（油气勘探许可证号：38348）的怀唐伊谷 1 号井（Waitangi Valley-1）于 2014 年 7 月 23 日开钻，钻探总深度将达约 3600 米（11800 英尺）。该公司对该井拥有 100% 控制权。依据本次公告内容，该公司对油气储层类型比较信息所包含的风险进行提示：

本次公布的新闻稿中某些信息按加拿大 NI 51-101 的规定可能构成"类比信息"，这些信息包括但不限于 TAG 公司持有的具有相似地质特征的地块信息。

这些信息是各种公开信息，包括从来自政府部门、监管机构、公共数据库或其他行业参与者（截止时间依据原载信息提示的日期）的信息，TAG 公司认为这些信息在性质上很明显独立于本公司。

TAG 公司这类信息是有用的，因为它有助于确定本公司持有权益的储层特征。

TAG 公司是无法证实合格储量评估或审计人员是否依据加拿大油气评估手册出具"类比信息"。

四、太平洋鲁维亚莱斯能源油气远景资源量公告的风险提示

2014 年 8 月 19 日，太平洋鲁维亚莱斯能源公司（Pacific Rubiales Energy）发布经审核的总油气远景资源量增加 40%，该公司是在多伦多和哥伦比亚证券交易所上市的公众公司。该公司对本次信息公告的风险和不确定性进行提示。可能导致实际结果或事件与当前预期存在重大差异的因素包括但不限于：

（1）资本和营业成本、产量预测和经济回报估算结果的不确定性；

（2）将来实际情况不同于估计和假设的情况；

（3）未能获得估算的资源量或储量；

（4）石油价格和货币汇率的波动；

（5）通货膨胀；

（6）股票市场的变动；

（7）哥伦比亚、秘鲁、危地马拉、巴西、巴布亚新几内亚和圭亚那等国家政治情况的变化；

（8）影响公司业务的相关法律法规的变化；

（9）未来融资的可能性和融资成本存在不确定性；

（10）与钻探结果和其他地质数据解析相关的不确定性；

（11）本公司开发计划可能会受环保、原住民或其他方面要求的影响，这些要求会导致订好的开发计划延迟；

（12）本次公告未提到的其他风险在 2014 年 3 月 13 日年度信息表或其他文件中有披露，披露标题为"风险因素"，这些资料在指定的 SEDAR 网站上公布（网址：www.sedar.com）。

五、杰瑞股份收购油气区块风险及不确定性的提示

2012 年 9 月 21 日，烟台杰瑞石油服务集团股份有限公司（证券代码：002353）发布关于 HITIC ENERGY 公司已购买加拿大油气区块（米湾湖项目）的公告，对此次收购油气区块的风险和不确定性进行了以下提示：

（1）本次已购油气区块都是油气资源的探矿权，采矿权的取得是在获得探明储量后获得，尚存在勘探开发失败的风险。

（2）该油气区块资源储量预估值与实际值存在差异的风险，预估可采储量与实际可采储量存在差异的风险。

（3）该油气区块尚不具备开采条件。

（4）预估地质储量和预估可采储量是没有经过第三方认证的，是公司的油藏工程师团队根据邻近区块探明情况和经验数据预估的。

（5）油气区块在勘探过程中，成功的勘探井会带来油气产品的销售收益，但不成规模，也会产生勘探的当期成本，收支相抵，不会对 2013~2014 年形成重大利润贡献。剩余探明储量价值是该区块最大的潜在收益，但必须是探明储量后且经过第三方评估才会具备这样的价值，在后续两年的勘探周期里，这个未来价值不会产生经常性收益，当然也不会对公司当期利润形成重大贡献。

（6）本次投资属于异国投资，加拿大当地的法律变化对该资源资产的收益将产生影响。

（7）该已购区块的测算经济效益存在实际达不到预期的风险。

（8）本次投资属于油气资源的勘探投资，资源资产的持有目的是出售或合作获得收益，不会改变公司的主营业务。

第七章 油气资产并购的动机和油气资产价值的评估

内容提示：从油气资产并购案例中看油气资产并购的动机，并探讨油气资产并购中重要的一环即油气资产价值的评估。

油气资产并购有助于油气公司做强做大，也是油气行业资源整合的具体表现，油气资产并购在油气行业总是生生不息。

第一节 中国企业的海外油气资产并购

一、中国企业的海外油气资产并购很活跃

油气企业通常直接购买油气资产或通过收购另外一家企业股份而获得油气资产。依据国际财务报告标准，油气资产并购可分两种类型：企业兼并和资产收购，一般来说收购一家油气企业，获得控制权叫兼并，不获得控制权叫资产收购。这里不介绍具体如何划分。

2014 年 8 月 17 日，加拿大《环球邮报》杰弗里·琼斯报道，2005 年以来中石油、中石化、中海油、中投公司及其他国有企业在油砂项目、页岩油气资源开发和国内企业并购上花了一大笔资金。据 Dealogic 市场调查公司提供的数据显示，截至 2013 年 12 月，2013 年（接近一年时间）中国三大石油企业——中石油、中石化和中海油花费 320 亿美元用于海外的常规油气能源资产并购。

2014 年 8 月 23 日某媒体报道，从 2013 年下半年至当时，正和股份、风范

股份、美都控股、复星国际、亚星化学、广汇能源、海默科技等多家上市公司先后宣布开始涉足海外油气业务，掀起了民营企业进军海外油气市场的热潮。民营企业正在逐渐成为海外油气资产收购的主角。分析师认为，在国内产业转型和国家鼓励海外投资的大背景下，未来到海外收购油气资源项目的民营企业数量将继续增加。国内民企通过在国外并购油气资源项目进入油气领域有望享受到油气行业管理体制改革带来的政策红利。

二、加拿大投资界人士对中国企业收购北美油气资产的评价

近几年，中国企业在北美国家开展油气资产并购的活动也非常活跃。加拿大投资界人士对中国企业在北美并购油气资源的结果有一些评价，尽管结果是在事后才看到，但是对中国企业将来收购北美油气资产还是有警示作用。

加拿大投资界人士对中国企业并购北美油气资源的看法有两点：

（1）有些油气资产的并购所付的价钱高了。例如，加拿大著名财经电视台BNN 在讨论中石油收购阿萨巴斯卡石油公司在多佛油砂项目 40%剩余股份的事件时就提到这一点。收购时买价过高，是投资方在矿产资源收购事件中常犯的错误，内在原因在于"买者没有卖者精"。

（2）有些油气项目开发进展慢，结果不理想。2014 年 8 月 17 日，加拿大《环球邮报》杰弗里·琼斯报道文章也谈到这个问题：许多中国企业在加拿大能源行业的投资还没有好的结果，有些项目遇到不少问题。该文说，中国企业在加拿大能源行业为收购项目掏出了超过 300 亿美元，但这些投资有不少已经碰到开发问题、未能完成开发计划、投资效益差等情况，导致中国企业作为投资方在某些方面越来越不耐烦。

中国企业需要总结并购北美油气资产的经验和教训。曾对一些中国大宗并购案作过深入研究的 ITG 投资研究机构负责能源研究的副总裁萨米尔·卡扬迪（Samir Kayande）说，在许多中国大宗并购案中"绝对"会有一些买家事后感到后悔。萨米尔说，有些问题是由于在整个行业资产收购热中的狂躁行为造成，因为当时来自国内和国外（加拿大）的油气资产收购参与方对资产的竞购很激烈。总的来说，在地质条件优越的区域，收购的油气资产会有好的结果，那些离开发阶段还早的项目短期内不能见到结果。

第二节　油气资产并购的动机

从油气资产并购案例来看，油气资产并购的动机主要是实现经营战略目标的需要、协同效应、增强实力、规模效应、战略发展机会等。

一、实现经营战略目标的需要

不同的油气公司有不同的经营战略目标。一般来说，油气公司依据公司的经营战略目标来确定合适的资产收购目标。比如，国际石油巨头经常以战略高度在世界范围布局石油资产。国际石油巨头并购油气资产时，会从世界范围考虑油气并购的战略问题：选择什么地方、什么种类的油气资源、如何分散地缘政治风险、并购规模和时机等。

又如，中国国有石油公司在北美投资油气资产时不仅仅考虑买价的问题，还有国家层面的战略考虑：掌握油气资源、增加油气供给渠道和分散地缘政治风险，甚至花钱买机会和经验等。

二、通过资源整合获得协同效应

企业的资源就是人、财、物，通过两家资源整合获得协同效应。例如，以收购方经营管理之长补被收购方经营管理之短，整合后的资产给投资者带来更好的效益。被并购的油气上市公司往往是有好资产，但管理层的经营管理水平差，股价没有体现公司资产的真实价值，或者公司有很大的发展潜力，公司股价没有反映真实价值，或者是给收购方带来互补效果，或者给双方股东带来更好的利益。又如，从收购方立场看，收购他方的油气资产比自己勘探找油气资源相比，资本投资效益能更早体现；如果能以较低成本收购他方的资产，则可以获得更好的资本投资效益。通过收购别人的资产可以达到低成本实现发展目标。2014 年 4 月 15 日加马克能源（Canamax Energy，股票代码：V.CAC）董事长兼总经理布拉德·卡伯勒（Brad Gabel）先生谈到该公司如何考虑收购油气资产时，表达了他的观点："加拿大西部有一些缺钱油气公司，但这些公司有好资产，就出现了可以收购这类公司的机会。假如你懂行有经验，你通过收购发展，比你自己勘探求发展来得更快，发展的成本更低。我们所说比较低的成本，是指每桶油当量产能的收购成本少于 2 万加元。"

三、收购优质资产增强公司实力

2014 年 6 月 24 日，遗产石油＋天然气公司（Legacy Oil＋Gas Inc.，多伦多证券交易所上市，股票代码：LEG）宣布收购科林斯勘探公司（Corinthian Exploration Corp.）。被收购公司是一家拥有轻质油资产的私人公司。该公司发行约 2010 万普通股来支付代价，同时承担净债务约 34 万美元（要做些调整）。通过此次收购，该公司将获得高质量、高净回值的轻质油资产，这些资产同处于该公司北达科他州旗鱼核心区域的范围。

该公司收购理由之一就是收购优质资产增强公司实力。此次收购事项表明该公司的商业计划继续成功地实施，获得高质量的常规资源轻油资产，并加强该公司在核心区域的业务。此次收购为该公司在轻质油资产重点区域增加资源储备方面提供了机会。该公司已在收购的土地上找到了净 250 个水平井井位。根据预期的未来勘探工作量，这些储备的开发区块可供该公司进行八年钻井开发。此次收购事项将提供该公司一个与现有北达科他州旗鱼资产业务对接的良好机会，通过此次收购获得的土地，一部分和该公司的土地相连，其余部分紧邻该公司的现有经营资产。由于北达科他州旗鱼油气区块开发资源整合的结果，该公司已成为该地区油气资源开发的主导者。此外，几个月前该公司在财务上已经进行去杠杆化，此次收购还将有助于该公司从业务中获得更多的现金收入，有助于降低该公司资产负债率，增强该公司财务稳健性。

四、收购优质资产获得规模效应

以 2014 年 6 月 24 日，"遗产石油＋天然气公司"宣布收购科林斯勘探公司为例，"遗产石油＋天然气公司"通过收购优质资产做大该公司规模获得规模效应。北达科他州旗鱼油气资源开发将受益于经济效益和资本效率的提升，资源整合后资本开支减少、更高初产峰值以及北达科他州不可再生资源税税率的新近下降。该公司资源整合后形成了新的北达科他州旗鱼油气资产生产基础规模和开发资源储备，这有助于该公司从这些改进中获得很大好处；规模经济显著地加强，有助于该公司取得更高的效率；该公司业务地盘的扩大将加速实施注水增产开发业务。此次收购推动该公司进入产量提高和业务现金流增长的新阶段。

五、通过并购获得战略发展机会

美洲石油公司（Petroamerica，多伦多证券交易所创业板上市，股票代码：PTA）是一家在哥伦比亚的加拿大石油和天然气公司，2014 年 8 月 19 日公布了其 2014 年半年报和第二季度财务及经营业绩报告。这份报告提供了该公司 2014 年 7 月完成收购苏罗可能源公司（Suroco）的情况。通过这次收购，被收购方的股价大幅上涨，收购方的油气储量大增并获得战略发展机会。该公司在信息公告中声称，这次战略收购扩大该公司规模和使该公司资产组合多样化；该公司获得了一个进入普图马约盆地进行油气资源勘探开发的新机会，这个机会激动人心；收购的资产有极大的发展潜力，将会推动该公司的生产和储量基础规模进一步扩大。2014 年被收购公司的油气储量大幅增长。表 7-1 总结了苏罗可能源公司的石油和天然气储量（截止时间：2013 年 12 月 31 日和 2014 年 6 月 30 日）。

表 7-1　储量摘要（千桶油当量）

储量分类	2013 年 12 月 31 日	2014 年 6 月 30 日	百分比变化（%）
探明	2067	3057	48
探明 + 概略	3136	5852	87
探明 + 概略 + 可能	4258	9966	134

注：①公司工作权益储量计算未扣除资源使用费；②评估公司为 GLJ Petroleum Consultants of Calgary, Alberta。

第三节　油气资产价值的评估方法和评估指标

不管并购动机如何，并购双方对标的的价值都要有一个合理的评估，并以此作为价格谈判的依据。并购价格是谈判的焦点，因此，油气资产价值的评估方法和评估指标是油气资产并购中要认真考虑的内容。并购资产、并购形式的多样化，加上投资者对资产评估的要求不同，要求有不同的资产价值评估方法和评估指标。

一、资产价值的评估方法

（一）资产基础法

美国评估师协会（American Society of Appraisers）定义的资产基础法是"采用一种方法或多种评估方法，根据企业资产扣除负债后的价值确定经营组合、企业所有者权益或企业股票价值的常用评估方式"。资产基础法往往被理解为评估单项资产时采用的成本法。

（二）收益法

收益法是通过估算被评估资产在未来的预期收益，并采用合适的折现率折算成现值，然后累加求和，得出被评估资产评估值的一种资产评估方法。收益法有不同的称法，也称收益现值法或现金流量贴现法，又称拉巴鲍特模型法。运用收益法进行资产评估的基本思路是：投资者购买收益性资产是一种投资行为。使用收益法评估目标企业的价值时考虑了资金的时间价值和风险。资产的价值通常不是基于其历史价格或所投入的成本，而是基于对其未来所能获取的收益。因此，对于企业整体资产评估的价值，如果采用成本法进行评估，还应当采用收益法进行验证。

（三）市场法

市场法是基于类似资产应该具有类似价格的理论推断，其理论依据是"替代原则"。市场法实质就是在市场上找出一个或几个与被评估企业相同或近似的参照企业，在分析、比较两者之间重要指标的基础上，修正、调整企业的市场价值，最后确定被评估企业的价值。运用市场法的评估重点是选择可比企业和确定可比指标。

按照中国的《企业价值评估指导意见（试行）》的要求，资产评估机构在评估企业价值时需采取两种或两种以上的方法进行评估。由于市场法受到中国目前公开信息披露量的制约，资产基础法和收益法成为目前企业价值评估中最常用的两种评估途径。

油气资产并购的标的通常以油气区块、项目资产、油气企业等资产形式出现，最为常见的并购种类是油气企业并购和油气区块收购。

二、油气资产价值的评估方法和评估指标

（一）油气企业价值评估的方法

在油气企业并购过程中，投资者难以从重置成本角度了解在某一时点上目标企业的价值，通常从企业现有经营能力角度或同类市场比较的角度了解目标企业的价值，这就要求评估师提供有关股权市场价值的信息，甚至要求评估师分析目标企业与本企业整合能够带来的额外价值。资本市场需要以评估整体获利能力为代表的企业价值评估。比如，海南正和实业集团股份有限公司拟收购马腾石油股份有限公司股权时，就需要评估马腾石油股份有限公司的整体获利能力。

（二）北美油气资产价值的评估指标

在市场并购交易中，北美油气资产并购采用一些市场认可的油气资产价值评估指标。油气资产并购主要考虑两个内容：现有油气资产的产能和未来发展的潜力。所以，北美油气资产价值的评估就是用一些评估指标来衡量生产能力和生产潜力的价值，也就是用一些指标来衡量获得一定产能要付出多少代价，获得一定储量要付出多少代价。衡量生产能力和生产潜力价值的评估指标主要有：①日产1桶油当量产能的收购价格；②每桶油当量储量的收购价格。有这两个市场上认可的估值指标，油气企业在油气资产并购时就可以相互比较，也会随行就市。油气并购的项目不同，具体使用的资产价值评估指标也有差别。延长石油国际收购油气资产时使用以下的资产价值评估指标进行横向比较：

（1）企业价值 EV/2P 储量比。

（2）企业价值 EV/日产量比。

（3）资产收购价格与现金流量比（P/CF）。

第四节　四个油气资产并购案例的介绍

一、应用收益法和市场法对马腾公司企业价值作出评估

依据中国《资产评估准则——基本准则》及《资产评估准则——企业价值》，

评估需根据评估目的、价值类型、资料收集情况等相关条件，恰当选择一种或多种资产评估方法。北京中天衡平国际资产评估有限公司应用收益法和市场法对马腾公司企业价值作出评估。以下是该机构出具的资产评估报告给出的评估结论：

截至评估基准日 2013 年 9 月 30 日，在本报告所述之评估目的、评估假设与限制条件下，通过实施上述资产评估程序和方法，得出如下评估结论：

（一）采用收益法形成的初步评估结论

截至评估基准日 2013 年 9 月 30 日，在本报告所述之评估目的、评估假设与限制条件下，海南正和实业集团股份有限公司拟收购马腾石油股份有限公司股权所涉及的马腾石油股份有限公司股东全部权益账面值为 100785 万元；股东全部权益评估值为 453193 万元。

（二）采用市场比较法形成的初步评估结论

截至评估基准日 2013 年 9 月 30 日，在本报告所述之评估目的、评估假设与限制条件下，海南正和实业集团股份有限公司拟收购马腾石油股份有限公司股权所涉及的马腾石油股份有限公司股东全部权益账面值为 100785 万元；股东全部权益评估值为 537627 万元。

（三）最终评估结论

本次评估采用两种评估方法。根据资产评估准则，对同一评估对象采用多种评估方法时，应当对形成的各种初步价值结论进行分析，在综合考虑不同评估方法和初步价值结论的合理性及所使用数据的质量和数量的基础上，形成合理评估结论。

采用市场法评估中，选择的可比上市公司为 S&P500 成份股的石油勘探与开采公司，基本为全球经营的油气勘探与开发企业，资产分布范围广泛，与被评估单位资产仅分布在一个国家的差异很难通过系数进行完整修正。同时，油气资产受地质条件差异影响巨大，不同区块地质环境差异直接影响油气资产权益，仅从财务报告很难分析不同区块的具体差异。

马腾公司作为已经成熟运营的石油开采企业，生产、销售体系完善，收入、成本预期明确，未来有明确的获利预期，收益法结论能够合理地反映企业价值。结合本次评估目的，收益法的评估结论较为适用。故选取收益法的评估结果作为本次评估的最终评估结论。

海南正和实业集团股份有限公司拟收购马腾石油股份有限公司股权所涉及的

马腾石油股份有限公司股东全部权益评估值为 453193 万元。

二、KELT 勘探有限公司收购曼尼（Montney）资产

2014 年 6 月 16 日，KELT 勘探有限公司（多伦多证券交易所上市，股票代码：KEL）已订立协议，收购一家私人所有的加拿大石油和天然气公司，被收购公司的石油和天然气资产位于瓦尔哈拉/ 拉格雷斯（Valhalla/La Glace），毗邻公司在埃尔伯塔中西部珀斯寇普斯（Pouce Coupe）的核心油气产区。

此次收购是按行业标准条件成交，在 2014 年 7 月 2 日或前后完成。

KELT 公司此次收购的支付代价为 1.65 亿加元，未考虑交易结束前调整，KELT 公司将以手头现有现金和发行 KELT 430 万普通股给被收购的加拿大石油和天然气公司股东来完成此次交易。

（一）被收购的资产主要特点

（1）目前的净油气产量预计约为日产 2300 桶当量油（70%石油和 30%天然气），产油气的储层属于三叠系，主要来自 Montney 组，也包括中途和查理湖组（the Halfway and Charlie Lake formations）。

（2）按原油 WTI（得克萨斯州西部中质原油）价格每桶 95 美元，天然气 AECO 价格（AECO 埃尔伯塔天然气价格，以兆焦耳为单位，天然气交易所 NGX 交易价格）每 GJ（1 兆焦耳 = 948000 BTUs，BTU 为英利热量单位）4.5 美元计算，营运净回值（operating netbacks）约 40 加元/桶油当量，按目前的产量水平，可实现年营业收入 3360 万加元。营运净回值（Netback）= 每桶实现售价 – 矿区使用费 – 生产及运营费 – 运输及销售费。矿区使用费（Royalty）是指作为油藏消耗对东道国政府或矿产所有者（出租人）的回报，通过支付矿区使用费，生产者（承租人/合同者）得以使用石油资源。

（3）将要收购的石油和天然气储量，KELT 已在内部进行了估算，2013 年 12 月 31 日生效：

1）已开发在产探明储量为 3.4 百万桶油当量，与之相关的未来开发资本为 1.5 百万加元；

2）总探明储量为 6.2 百万桶油当量，与之相关的未来开发资本 38.4 百万加元；

3）累计探明加概算储量为 11.7 百万桶油当量，与之相关的未来开发资本为

60.7 百万加元。

（4）储量开发年限长，根据当前产量水平，探明加概算储量的开发年限为 14 年。

（5）在主要的石油和天然气基础设施中拥有权益的部分包括以下内容：

1）拥有 100% 权益的原油处理厂，最近升级到日处理 3500 桶石油和 20 百万立方英尺天然气；

2）拥有 100% 权益的气体压缩厂和油气集输管线。

（6）位于瓦尔哈拉/拉格雷斯的资产包括一个面值很大的土地，从地理位置来说，对 KELT 公司起到一个很好的补充作用，离 Pouce Coupe/灵河现有的核心区域南约 18 英里，离大草原西北部大约 15 英里。此次收购的土地面积总 38400 英亩，即总 60 Sections（Section：是指 1 平方英里的面积，等于 640 英亩），净 32981 亩（51.5 净 Sections）。

（7）位于瓦尔哈拉/拉格雷斯的资产将由 KELT 公司位于埃尔伯塔大草原现有机构运营。

（二）衡量被收购资产价值的评估指标

（1）单位油气产能购买价格。根据目前产量水平，未考虑土地和基础设施的价值，日产 1 桶油当量产能的购买价格为 71700 加元（70% 原油和 30% 天然气）。

（2）单位油气储量收购价格。基于探明加概算储量，并考虑到未来开发成本后，被收购单位油气储量的收购价格为 19.23 加元/桶油当量，该公司收购该资产的成本净回值率〔通过计算每桶油当量的营运净回值与当年每桶油当量储量的发现、开发和收购成本（F&D）的比值求得该比率〕为 2.1，按原油 WTI（得克萨斯州西部中质原油）价格每桶 95 美元，天然气 AECO 价格（AECO 埃尔伯塔天然气价格，以 GJ 为单位，天然气交易所 NGX 交易价格）每 GJ 4.50 美元计算。

（三）未来发展的上升潜力

本公司已确定了主要目的层为 Montney 组的水平井钻井位置总 58 Sections（Section：是指 1 平方英里的面积，等于 640 英亩），归属本公司有 56.0 Sections。这将需要未来资本支出总金额超过 2.9 亿加元，归属本公司 2.8 亿加元，公司的待钻井位储备和未来几年的增长机会显著增加。Montney 组待钻井位储备主要落在瓦尔哈拉/拉格雷斯油气区块上，拥有百分百工作权益，开发瞄准的目标是原油及伴生天然气。

三、"传统石油+天然气公司"收购科林斯勘探公司

2014 年 6 月 24 日"传统石油+天然气公司"（多伦多证券交易所上市，股票代码：LEG）宣布收购科林斯勘探公司一家私人拥有的小型石油公司，以增加传统公司油气日产量平均水平和 2014 年末产能出线量，收购事项改善了本公司资产负债的情况，有助于公司提高产量和从经营业务增长获得的现金。

（一）被收购的资产具有以下特点

目前产量：2800 桶油当量/天（86%轻质油及液化天然气，API 值平均 38）。

探明加概算储量[①]：11.9 百万桶油当量。

探明加概算储量的开发年限指数：11.6 年。

未开发的土地：净 103974 英亩。

三维地震：105 平方英里。

总可开发钻井位置：总 320 个，净 258.7 个（75%未入账）。

营运净回值[②]：47.50 加元/桶油当量。

（二）衡量被收购资产价值的评估指标

本次收购有助于增加"传统石油+天然气公司"每股从营业获得的现金流量（按年算）。未开发的土地和地震资料的估计价值为净 1560 万加元，基于"传统石油+天然气公司"目前的股价，未考虑 Elmworth 区块可能出售的情况。收购的在产资产，其储量开发年限长、营运净回值高。 被收购资产价值的评估指标如下：

（1）单位油气产能价格（Production）：75000 加元/桶油当量。

（2）单位探明加概算储量价格（Proved Plus Probable Reserves）：17.55 加元/桶油当量。

（3）探明加概算储量成本净回值率（Proved Plus Probable Recycle Ratio）：2.6 倍。

探明加概算储量成本净回值率（Proved Plus Probable Recycle Ratio）＝营运净

---

① 储量为总储量，由斯普劳尔顾问有限公司（Sproule Associates Limited）评估，截止时间为 2013 年 12 月 31 日，公司总储量是按科林斯的工作权益算，未扣除矿区使用费，并没有包括科林斯的任何矿区使用费的权益。

② 根据 2014 年第二季度预期平均价格，从收入中减去矿区使用费和运营成本后获得的结果。

回值/发现、开发和收购成本（如探明加概算储量包含未来开发成本），其中营运净回值＝营业收入（包含套期保值实现的获利或亏损）－矿区使用费、营业支出、运输费。发现、开发和收购成本（Finding，Development & Acquisition Costs F&D）包含未来开发成本（Future Development Costs，FDC）的变动。探明加概算储量成本净回值率是评估油气公司再投资项目的效果的指标。该比率衡量资本投资的效果，通过计算每桶油当量的营运净回值与当年每桶油当量储量的发现、开发和收购成本（F&D）的比值求得该比率。重视资本投资的效果，目的是有效地利用资本。

四、延长石油国际收购加拿大 Novus Energy 的全部股权

2013 年 9 月，延长石油国际提出以 2.3 亿加元（相当于约 17.2 亿港元）收购加拿大诺维斯能源公司（Novus Energy Inc.）的全部股权，首次进入北美油气市场。2014 年 1 月正式完成有关交易。

（一）被收购的资产主要特点

（1）诺维斯能源公司是一家侧重石油的能源公司，业务集中在加拿大萨斯喀彻温省的 Viking 轻质油生产。该公司曾在多伦多证券交易所创业板上市。收购事项是收购在产油气项目（加拿大），2013 年日均产量 4000 桶油当量。2010~2013 年日均产量年均复合增长率 53%。

随着生产及运营费用的逐年下降及国际油价的上升，诺维斯能源公司的运营净回值由 2009 年的每桶油当量 7.34 加元，上升至 2013 年的 54.94 加元/桶。运营净回值（Netback）＝每桶油当量实现售价－矿区使用费－生产及运营费－运输及销售费，相当于每桶油当量产能获得多少毛利的概念。

2009~2013 年各年的运营净回值变化情况如图 7-1 所示。

（2）探明加概算储量。目前拥有未开发土地 16 万英亩，土地总面积接近 22 万英亩。油气储量和资源量如表 7-2 所示。

截至 2013 年 12 月 31 日，诺维斯能源公司的 2P 储量税前折现值（10%折现率）达 4.16 亿加元，较 2012 年上升约 10%。

（3）加拿大油气管网发达，并与美国相连。诺维斯能源公司主要采用管道运输和卡车运输的方式运送出产的石油及天然气。

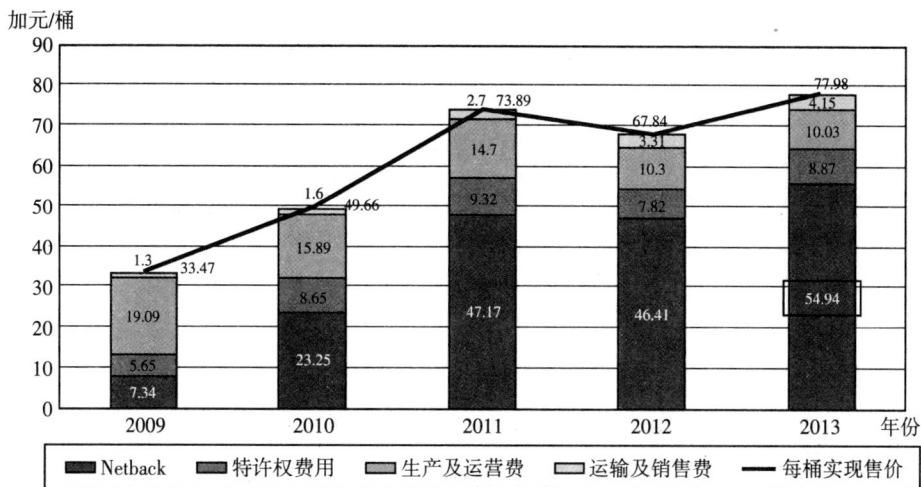

图7-1　运营净回值

资料来源：2014年3月延长石油国际的宣传资料。

表7-2　油气储量和资源量

	总量（万桶油当量）	折现值（百万加元）
证实储量（1P）	1444	270
证实+概略储量（2P）	2175	416
资源类别		
1C状况	286	
2C状况	847	
3C状况	1248	

注：①截至2013年12月31日；②1C状况为低估算值，2C状况为最佳估算值，3C状况为最高估算值；③以10%为折现率的折现值。

资料来源：2014年3月延长石油国际的宣传资料。

（二）衡量被收购资产价值的评估指标

（1）企业价值EV/2P储量比：13.7加元/桶油当量。

（2）企业价值EV/日产量比：日产80.3加元/桶油当量。

（3）资产收购价格与现金流量比：P/CF＝232毫米/41.7毫米＝5.6倍。

收购详情如表7-3所示。

通过评估指标，延长石油国际的收购项目与其他公司的收购项目比较资产收购的代价，如图7-2所示。

表 7-3　收购详情

完成日期	2014 年 1 月 20 日
每股收购价	1.18 加元（溢价约 40%）
总代价	约 2.32 亿加元（约 17.2 亿港元）以现金支付
融资	向延长集团发行 16 亿港元可换债券，换股价为每股 0.4 港元，以及内部自由资源

注：截至 2013 年 9 月 4 日，企业价值 EV 为 3.1 亿加元。

资料来源：2014 年 3 月延长石油国际的宣传资料。

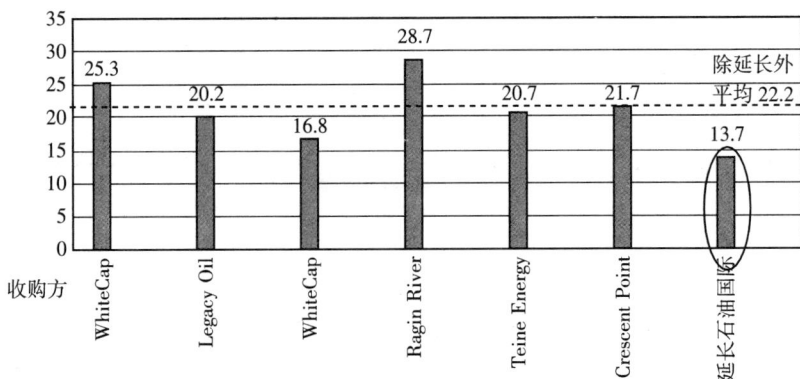

交易日期	2013/04	2013/04	2013/03	2012/12	2012/11	2012/05	2013/09
被收购公司或资产	Viking 资产	Viking 资产	Invicta Energy 勘探开采	Viking 资产	Viking 资产	Cutpick Energy	Novus

图 7-2　CV/2P 等估值指标远低于同期 Viking 可比交易

资料来源：2014 年 3 月延长石油国际的宣传资料。

（三）未来发展的上升潜力

2013 年资本开支约为 7022 万加元，钻井 77 口、完井 72 口。水平井多段压裂技术将 Viking 油田采收率相对于直井提高了 5 倍，未来还有很大增长空间。

2013 年，埃尔伯塔省新拓展生产区使其有望成为诺维斯能源公司未来新的增长点。2013 年初，在埃尔伯塔省未开发土地上新钻 5 口井，其中 3 口评价井最新的岩芯取样实验结果显示具有商业生产价值。周边的基础设施齐备，可直接进行商业开发。5 口生产井已投入商业化运营，填补了之前在埃尔伯塔省海盗油田（Viking）储量和生产的空白[1]。

---

[1] 欲了解被收购企业诺维斯能源公司的详细情况，参阅 2014 年 3 月延长石油国际的公司宣传资料。

第八章　世界石油供求的新格局

内容提示：从 2014 年 8 月开始，一些石油行业分析师开始谈论：世界石油供应进入新时代，出现新格局。

一、从过去看石油价格对经济和地缘政治事件的反应

2014 年 6 月 10 日美国能源信息署（Energy Information Administration，EIA）发布了一份独立统计和分析报告《哪些因素影响原油的价格?》。在这份报告中有一张图展示了影响石油价格的经济和地缘政治历史事件，如图 8-1 所示。

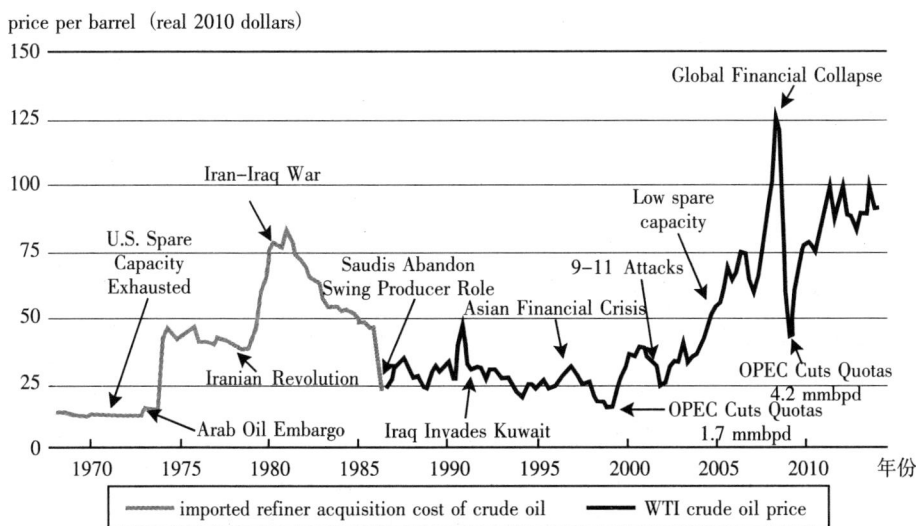

图 8-1　影响石油价格的经济和地缘政治历史事件

资料来源：U.S. Energy Information Administration，Thomson Reuters.

对图 8-1 箭头所指的影响石油价格的经济和地缘政治事件进行粗略地解读：

（1）20 世纪 70 年代初美国石油的备用产能耗尽（U.S. Spare Capacity Exhausted）。美国石油地质学家哈伯特（M.K.Hubbert）在 1956 年采用统计建模准确预测了美国的石油产量在 1965~1971 年间达到顶峰。20 世纪 70 年代初美国石油的备用产能耗尽，备用产能（闲置生产能力）指一个国家为应对紧急情况在 30 天内生产原油的数量。2013 年诺贝尔经济学奖获得者罗伯特·希勒（Robert J. Shiller）认为，从第二次世界大战后到 20 世纪 70 年代第一次中东石油供应大动荡（也称第一次石油危机）发生之前的期间，美国石油市场的价格保持稳定，得州铁路委员会在稳定石油价格中发挥的作用，可以说是一种垄断；那时美国不是一个原油进口大国，并且有自己的原油供应；在那很长的一段时间内美国为了稳定油价而采取的控制措施是比较成功的。

（2）1973~1974 年阿拉伯石油禁运（Arab Oil Embargo）。1973 年 10 月爆发了第四次中东战争，油价急剧上涨，从 10 月的接近 3 美元/桶涨到 1974 年 1 月的 11.65 美元/桶，油价涨到原来的 4 倍，造成西方国家第一次石油危机。欧佩克减少石油供应是第一次石油危机的原因。

（3）1978~1980 年伊斯兰革命和两伊战争（Iranian Revolution and Iran-Iraq War）。两伊战争的爆发使两国的石油出口量锐减，一度曾完全中断，全球石油产量骤降，油价在 1979 年开始暴涨。因两伊战争打乱了石油供给而引起的石油危机被称为第二次石油危机。

（4）1985~1986 年沙特放弃石油供应调节者的作用（Saudis Abandon Swing Producer Role）。1985 年 7 月，沙特国王法赫德宣布以低价销售石油，引起国际石油市场的大混乱，国际石油价格立刻大幅度下跌。

（5）1989~1990 年伊拉克入侵科威特（Iraq Invades Kuwait）。这一期间，油价从 1989 年 18.2 美元/桶上升到 1990 年 23.81 美元/桶。

（6）1997~1998 年亚洲金融危机（Asian Financial Crisis）。亚洲金融危机导致全球经济增长放慢，1998 年经济增长仅为 2.8%（据 IMF 数据），石油价格也因此下滑。至此时期，国际油价滑落到 9 美元/桶左右的低位。

（7）1999 年欧佩克削减日产量 170 万桶（OPEC Cuts Quotas 1.7 mmbpd）。为了维持油价，欧佩克分别在 1998 年 4 月和 7 月削减日产量 125 万桶和 133.5 万桶。但大幅减产并没有立即刹住油价的下跌，1998 年 12 月油价最低跌至 10.30 美元的低点，较第二次减产后依然下跌了近 30%。应对油价下跌到每桶 10 美元低价，1999 年欧佩克最终削减日产量 170 万桶，促使油价在 1999 年回升。1999 年 3 月油价才开始出现回升，到 1999 年底油价才回到下跌前的高度。

（8）2001 年美国"9·11"事件（9-11 Attacks）。2001 年石油价格短期涨到 24.37 美元/桶。美国入侵伊拉克再次打乱了原油供给，原油价格出现暴涨。

（9）2002~2006 年世界石油的备用产能处于低位水平（Low Spare Capacity）。美国入侵伊拉克再次打乱了原油供给，世界石油的应急产能处于低位水平，导致石油供应增长缓慢，世界经济强劲增长拉动需求推高油价。这一时期，世界经济尤其是中国、印度、俄罗斯、巴西等国经济全面增长。经济的全面增长引起石油需求增长，世界石油的应急产能低，石油供应增长缓慢，供需矛盾加剧，导致油价上涨。

（10）2007~2008 年，美元走势和游资炒作使得油价急升骤跌（Global Financial Collapse）。本阶段国际石油价格由 2007 年 1 月一路上涨到 2008 年 7 月，接近 150 美元/桶。随后的约 5 个月的时间，在 2008 年 12 月下旬，油价戏剧性地暴跌到 40 美元以下。2007 年以来国际石油价格持续高涨，供需平衡偏紧的局面是决定油价走高的基本背景，而美元贬值、投机资金炒作则是推动油价运行的主要动力。这期间，投资资金热炒石油峰值论，华尔街资本以高盛公司为龙头大造油价每桶要上涨到 200 美元的舆论。2008 年 9 月爆发于美国的金融危机，使得投机炒作资金相继离场，国际油价骤跌。

（11）2008 年底欧佩克削减日产量 420 万桶（OPEC Cuts Quotas 4.2 mmbpd）。面对 2008 年 12 月下旬油价戏剧性地暴跌到 40 美元以下的局面，2008 年 12 月 17 日欧佩克宣布将以 9 月产量为基数削减日产量 420 万桶。在全球经济进入衰退的状态下，欧佩克削减石油日产量试图重新调整供给与需求。

（12）持续三年多的高油价（2011~2014 年上半年）。2011~2014 年上半年石油价格处于新的一轮上涨周期，持续三年多的高油价培育一批新兴的石油生产商，成为影响世界石油供应格局的重要力量。中国经济高增长，2012 年之前巴西、加拿大、澳大利亚等大搞资源开发的国家发展势头强劲，美国经济缓慢恢复，石油消费持续上涨推动石油价格又进入新的一轮上涨周期。美国和加拿大大力推动非常规油气资源开发，改变世界石油供应的格局和石油开发成本的分布状态（产量与开发成本对应的分布情况）。不少北美石油行业的人士认为，要持续开发非常规石油资源，需要原油价格维持在每桶 80 美元高位。许多人认为便宜

石油价格的时代已经过去。2011~2014 年上半年一桶得克萨斯西部中质原油
（WTI）价格持续在 100 美元左右高位。但是，80 美元的原油价位是吸引长期资
本投资北美非常规石油资源开发的条件，而每桶原油的现金成本远远低于 80 美元。

原油价格从 2014 年 6 月的高点向下走。截至 2014 年 12 月上旬，一桶布伦
特原油价格距离 2014 年 6 月的高点 115 美元已经跌去了 50 多美元，下跌了
45%多。

美国能源信息署是隶属于美国能源部的一个统计机构，其使命是向决策者提
供独立的数据、预测、分析，以促进合理决策、建立效率市场，让公众了解有关
能源及其与经济环境的相互作用。美国能源信息署负责发布一些有关世界石油市
场的研究报告，对分析世界石油供求状况很有参考价值。

二、石油产量峰值与石油供求的新格局

（一）哈伯特峰值理论

石油产量值峰，或者称石油峰值，源于 1949 年美国石油地质学家哈伯特发
现的矿物资源"钟形曲线"规律。哈伯特认为，石油作为不可再生资源，任何地
区的石油产量都会达到最高点；达到峰值后这个地区的石油产量将不可避免地开
始下降。这是石油峰值理论的核心。爱尔兰地质学家坎贝尔（Campbell）发展了
石油峰值研究。石油峰值的研究在全球扩展开来，通过观察过去的发现和生产水
平，并预测未来的发展趋势发现，哈伯特采用统计建模在 1956 年准确预测了美
国的石油产量将在 1965~1971 年间达到顶峰。这种模式和由这种模式演变而来的
其他模式，现在被称为哈伯特峰值理论。这些模式已被用于描述和预测从地区、
国家和跨国区域的石油产量峰值及下降趋势。

哈伯特的全球石油生产预测结果，实践证明为时过早。这主要是由于新的生
产技术的发展、油价上升导致可采出储量的增加、石油利用效率的提高、非常规
资源的开发等〔有关这方面的论述可参见美国经济学者林奇·麦克（Michael
Lynch）、叶金·丹尼尔（Daniel Yergin）的文章〕。截至 2014 年，世界范围争议不
大的看法是 2050 年后世界石油产量将下降。但是，美国墨西哥湾到底蕴藏多少
石油仍是个秘密。石油峰值观点对世界经济的影响仍存在争议。

2013 年全球十大石油生产国如表 8-1 所示。

表 8-1 2013 年全球十大石油生产国

Country	Production	Consumption	Delta
1. Saudi Arabia	11.5	3.1	8.4
2. Russian Federation	10.8	3.3	7.5
3. US	10.0	18.9	−8.9
4. China	4.2	10.8	−6.6
5. Canada	3.9	2.4	1.5
6. United Arab Emirates	3.6	0.8	2.8
7. Iran	3.6	2.0	1.6
8. Iraq	3.1	0.7	2.4
9. Kuwait	3.1	0.5	2.6
10. Mexico	2.9	2.0	0.9

注：①单位是日产量百万桶；②BP 公司所说的"石油"的定义：原油、致密油、油砂出的油和凝析油；③石油数字不包括成品油进出口。

资料来源：2014 年 6 月 20 日罗伯特·拉皮尔（Robert Rapier）《2013 年十大石油生产国》。

1980~2012 年世界石油产量如图 8-2 所示。

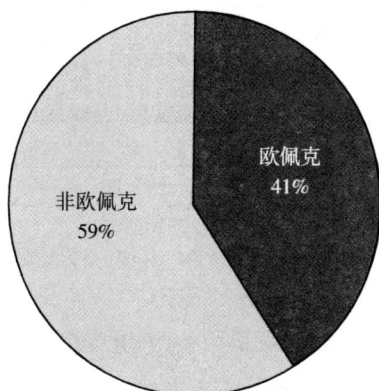

图 8-2 欧佩克国家产油量占世界产油总量比例

资料来源：《BP 能源统计 2010》。

（二）世界石油供应的新格局

1. 欧佩克国家生产的石油占世界石油产量的份额在减少

在技术突破、经济发展、石油价格大幅上升、美元贬值和地缘政治等多重因素的作用下，与爆发"阿拉伯石油禁运"的 1973 年相比，2013 年的世界石油市场发生了巨大变化，甚至与 2000 年相比也大不相同。与 1973 年相比，2013 年世界石油总供给提高了 50%，达到约每日 9010 万桶，新增产量不仅来自老牌能源生产国，而且来自世界各地——不少国家已经或即将取得巨大产量提升从而成为重要产油国。2014 年 10 月世界日产石油 9420 万桶，欧佩克国家日产原油 3060 万桶，占世界石油总供给 32.5%，数字来源于国际能源机构 2014 年 11 月 14 日统计报告。

2003~2008 年，欧佩克的备用产能很低，限制了欧佩克因石油需求和价格增加而增加产能的应对能力，如图 8-3 所示。

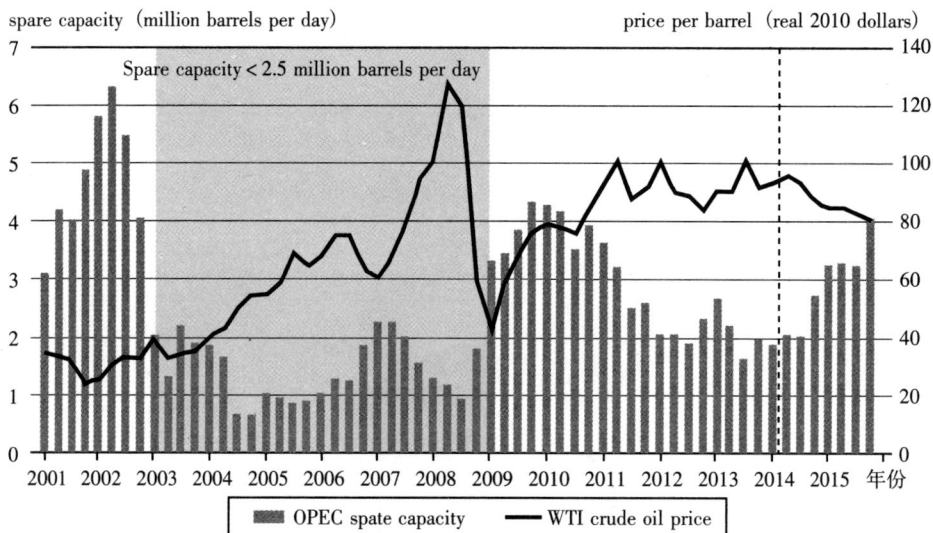

图 8-3 欧佩克产能限制

资料来源：理查德·G. 纽厄尔：《能源和金融市场评论：原油价格的形成》。

沙特阿拉伯过去时常作为调节石油市场供应的国家。沙特阿拉伯减少石油产量会导致石油价格上升，如图 8-4 所示。

2. 世界石油供应"新时代新格局"的形成

2014 年国际石油市场分析专家对世界石油供应前景的预测。在 2014 年 8 月召开的美国能源信息署（EIA）2014 年度能源大会上，著名石油分析师、普利策奖获得者叶金·丹尼尔（Daniel Yergin）是午餐会主题演讲人。据叶金·丹尼尔的预测，到 2036 年美国石油产量将达日产 1400 万桶。这个产量增长与 2014 年 5 月的石油日产量 830 万桶相比是惊人的。2014 年 5 月的日产量与 2008 年相比已经增加 500 万桶。1400 万桶比沙特阿拉伯目前日产量高 44%。美国能源信息署预测 2036 年美国石油日产量将达 1340 万桶高峰值，这是美国能源署乐观估计值

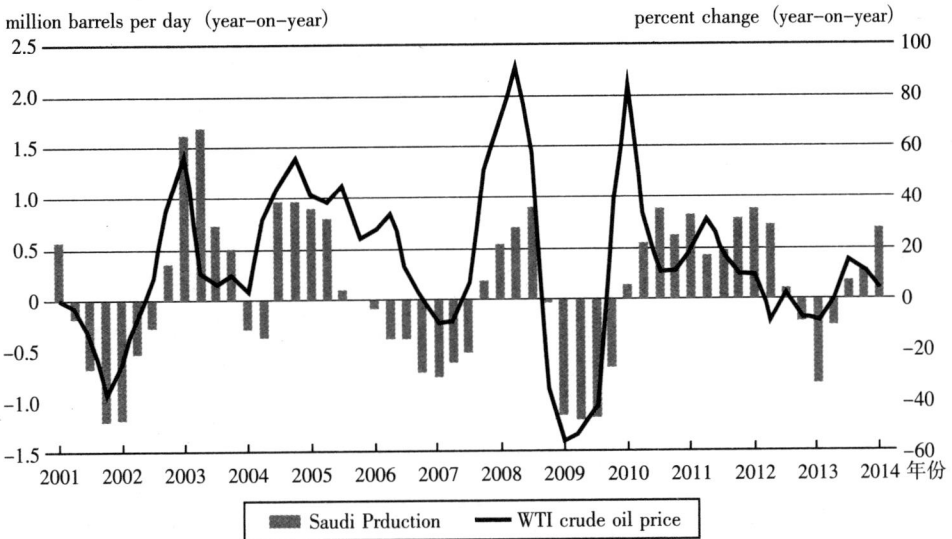

million barrels per day（year-on-year）   percent change（year-on-year）

图 8-4　沙特阿拉伯减少石油产量会导致石油价格上升

资料来源：理查德·G.纽厄尔：《能源和金融市场评论：原油价格的形成》。

（预测基数是石油日产 750 万桶）。但是，在过去五年，美国石油产量差不多符合美国能源署乐观估计值。叶金·丹尼尔团队的美国石油日产量预测值只是比美国能源信息署高一点。如果美国能源产量大变化趋势的预测是对的，那么石油投资者将看到未来 10 年石油产量的变化情况大不同于过去 50 年石油产量的情况。图 8-5 是美国能源信息署对美国 2036 年石油产量的预测。

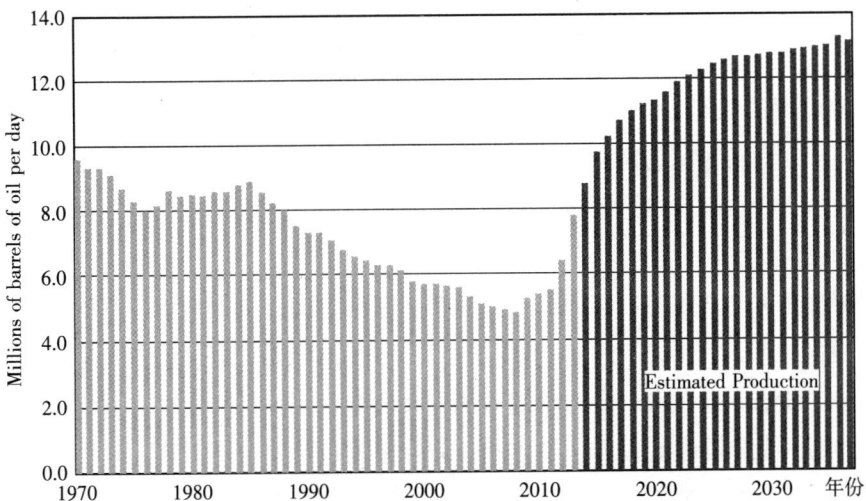

图 8-5　美国能源信息署对美国 2036 年石油产量的预测

资料来源：2014 年 8 月 14 日 Matt Badiali 的研究报告。

加拿大石油生产商协会 2014 年预测到 2030 年加拿大西部油砂的原油日产量将达 480 万桶。油砂和常规资源产石油历史和未来预测产量情况如图 8-6 所示。

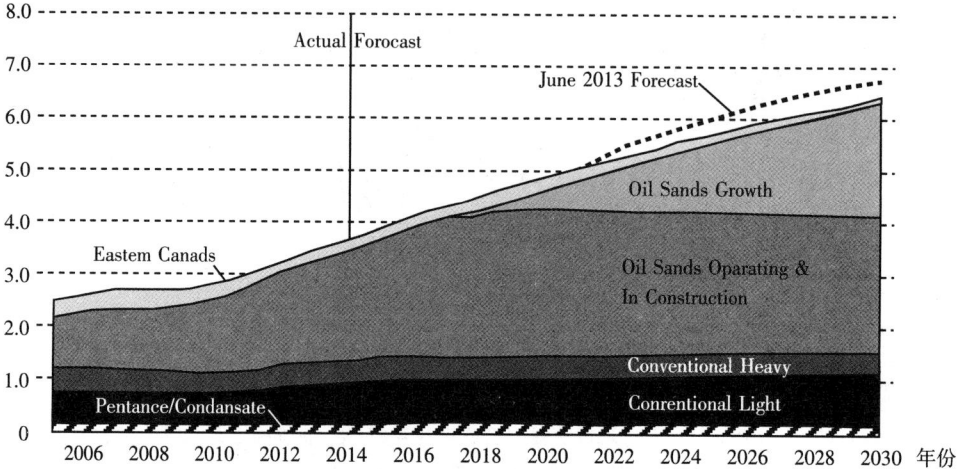

图 8-6　加拿大石油生产商协会石油预测
资料来源：加拿大石油生产商协会。

用石油供应源头的多元化来形容当前国际石油供应不太恰当，主要是因为石油开采资源的质量差别大，像美国页岩石油资源开采增加了世界石油的供应，但其技术要求、开采成本及潜力都无法和沙特常规油气资源开采比，像加拿大的油砂资源开采和沙特的常规油气资源开采比，其劣势更明显。所以，比较准确地说，当前世界石油供应格局是：石油供应的后备梯队力量大为增强，并且有影响世界石油供应格局的能力，还有很大潜力可发挥。后备梯队力量由两个部分组成：非欧佩克产油国的新增石油产能和大幅增加的石油潜在储量（Contingent Reserves），后备梯队力量主要属于非常规石油资源。后备梯队力量发挥作用的前提条件是只有石油价格达到石油潜在储量可进行商业开采的价位，才能吸引资本去开发石油潜在储量。

随着北美非常规油气资源以及俄罗斯、非洲、南美国家常规油气资源开采能力的快速提升，世界石油供应形成新格局。中东国家作为一个整体是开发成本低、地缘政治不稳定和有潜力的世界第一大油库，北美是高成本、地缘政治稳定和有潜力的世界第二大油库，南美洲、非洲国家是不确定性因素比较多、发展空间大的世界第三大油库。俄罗斯作为第一、第二大油库的重要补充，其开发成本低、地缘政治稳定和有潜力。

3. 欧佩克国家石油生产的增长潜力仍然很大

2012 年 10 月，国际能源机构 IEA（International Energy Agency）对伊拉克石油生产前景进行了预测。该机构预测伊拉克将占 2011~2035 年世界石油产量增长的 45% 份额，到 2030 年伊拉克成为世界第二大石油生产国，超越俄罗斯。该机构预测结果表明伊拉克在未来 20~30 年拥有巨大的石油产量增长潜力。

美国能源信息署预计 2014~2015 年非欧佩克国家石油产量强劲增长，如图 8-7、图 8-8 所示。

Growth in oil production, 2011-2135

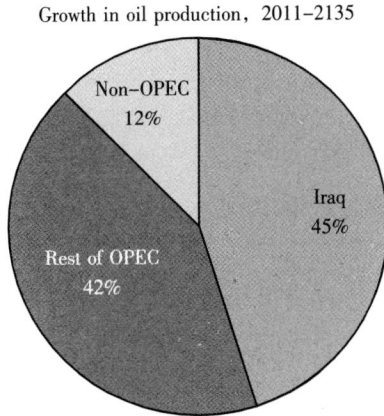

图 8-7　国际能源机构对伊拉克石油生产前景的预测

资料来源：国际能源机构 IEA 的报告。

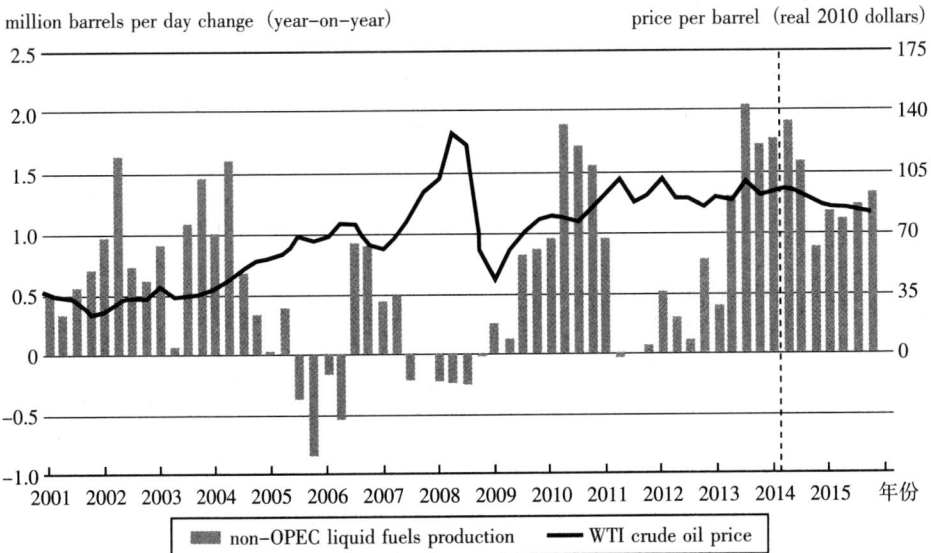

图 8-8　2014~2015 年非欧佩克国家石油产量

资料来源：理查德·G.纽厄尔：《能源和金融市场评论：原油价格的形成》。

（三）石油需求的新格局

目前，美国石油消费量排世界第一位，中国石油消费量排第二位，两者之间差距还很大。

国际能源署对 2035 年国际石油消费的展望。2013 年 11 月 27 日国际能源署（IEA）发布《世界能源展望 2013》报告。国际能源署署长范德胡芬的分析报告认为，能源需求的重心正在向中国、印度、中东地区等新兴经济体转移，这些新兴经济体将推动全球能源需求增长超过 1/3。预计 2020 年后中国将成为世界最大的石油进口国，印度将成为最大的煤炭进口国，而美国得益于页岩气开发将在 2035 年前实现能源自给自足。该报告中以下几个有关世界石油消费的观点值得关注：

（1）报告认为，到 2035 年，化石能源在世界能源需求中仍占主导地位，但石油供需结构将发生重大变化。报告认为，中国 2020 年后将成为世界最大石油进口国。到 2030 年左右，中国将取代美国成为最大石油消费国，同时中东石油消费超过欧盟。而印度将在 2020 年后成为石油需求增长最快的国家。

（2）交通运输和石化产业的需求使 2035 年前全球石油消费仍保持增长态势，但增速将放缓。

（3）到 2035 年，因北美能源独立并转变为石油出口区，全球将开辟新的战略运输通道，亚洲将变成全球石油贸易中心。供需地缘的改变意味着全球石油贸易重心的重构，对加强合作确保石油安全带来诸多影响。

（四）世界石油消费与经济增长关系明确，特别是非欧佩克国家石油消费与经济增长关系明确

石油消费的统计和分析比石油供给的统计和分析容易。中国、印度、巴西等新兴国家的石油消费增长是世界石油消费增长的主要因素。2014 年 6 月 10 日，美国能源信息署（EIA）发布了一份独立统计和分析报告《哪些因素影响原油的价格?》，该报告提供了非经合组织石油消费与经济增长关系的统计分析，如图 8-9 所示。

percentage change（year-on-year）

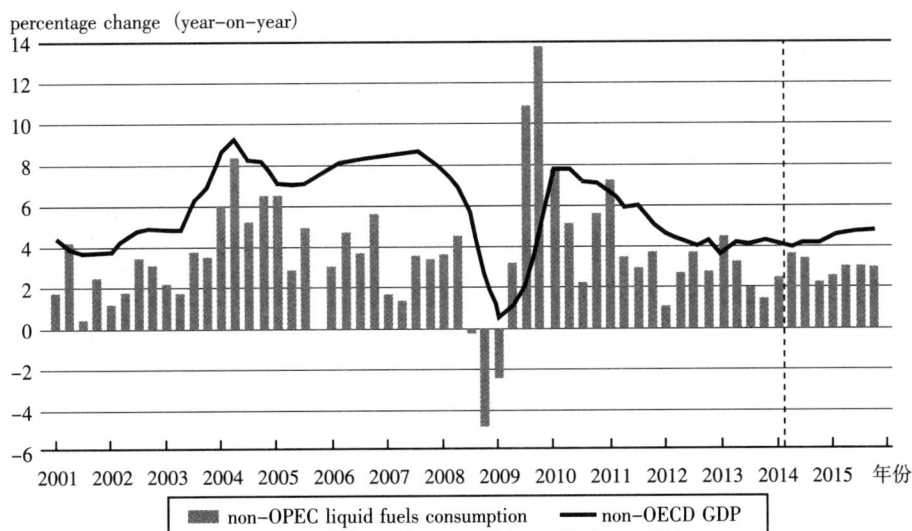

图 8-9　非欧佩克国家石油消费与经济增长关系

资料来源：EIA Short Term Energy Outlook，Thoms on Reuters.

三、世界石油的定价权

（一）欧佩克时代，欧佩克主导石油的定价

欧佩克能主导世界石油的定价权，是因为欧佩克手中有调节石油价格的工具——欧佩克的石油备用产能。从欧佩克通过控制石油产量来调节石油价格的历史来看，欧佩克影响石油价格的作用非常明显。沙特阿拉伯过去时常作为调节石油市场供应的领头羊。但是，2003~2008 年世界经济发展势头强劲，世界石油消费需求快速增长，世界石油生产增长缓慢；从欧佩克石油的供应情况来看，欧佩克的备用产能很低，限制了欧佩克因石油需求和价格上涨而增加产能的应对能力。图 8-10 来自美国能源信息署（EIA）署长理查德·G.纽厄尔博士（Richard Newel）2011 年 2 月 23 日的研究报告《能源和金融市场评论：原油价格的形成》。

（二）2010 年以后，欧佩克主导石油市场价格的作用开始减弱

随着美国页岩油开采和加拿大油砂开采进入快速发展的阶段，世界石油供应进入了新时代新格局。美国是世界石油消费大国，随着美国、加拿大和俄罗斯在世界石油供应市场的地位进一步增强，欧佩克主导石油市场价格的作用开始减弱。2014 年 10 月，美国高盛公司研究人员认为石油定价能力由欧佩克转到美国，是因为美国页岩油的备用生产能力约 500 万桶/日，超过沙特阿拉伯的 150

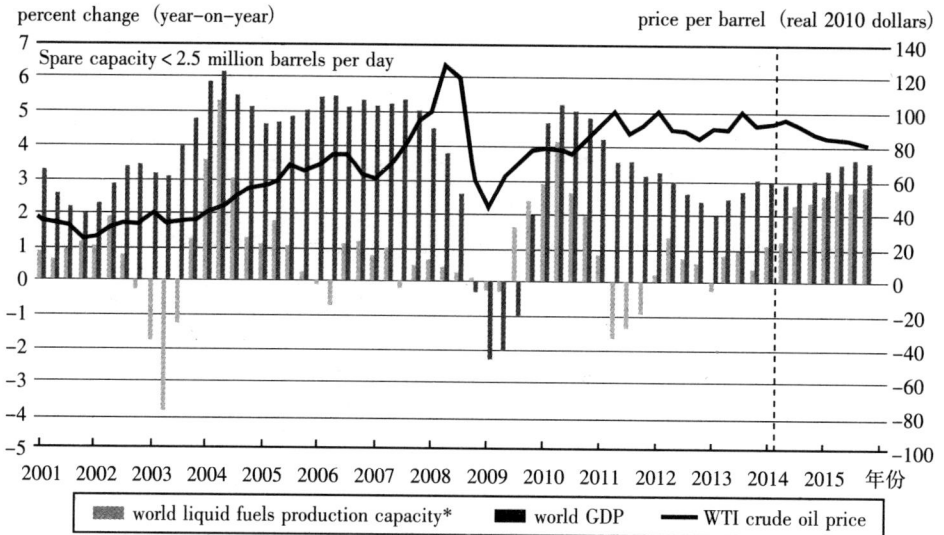

percent change (year-on-year) ... price per barrel (real 2010 dollars)

Spare capacity < 2.5 million barrels per day

图8-10　2003~2008年经济发展与石油供给和需求

注：*World capacity = OPEC capacity plus non-OPEC production.

资料来源：理查德·G.纽厄尔：《能源和金融市场评论：原油价格的形成》。

万桶/日。高盛公司研究人员的观点未必正确，但提到备用生产能力对石油定价能力的影响，这一观点值得深入研究。一般地认为，欧佩克国家现有的石油备用生产能力约300万桶/日，2008~2009年欧佩克曾砍掉石油生产能力250万桶/日。

四、世界石油市场竞争的突出特点

（一）金融资本的投机加剧了油价波动的频率和幅度

美元霸权时代，有利于华尔街金融资本利用美元主导地位操纵石油市场格。华尔街金融资本介入也是空前，金融资本的投机本性是引起油价波动的重要因素，加剧了油价波动的频率和幅度。2008年，以美国高盛领头的华尔街资本通过媒体炒作石油峰值论，掀起一波石油炒作，油价狂涨，达到历史的新高，大获不义之财。

石油行业成为国际财团（产业资本和金融资本）争夺资源的主要阵地。以巨大的财力为后盾，借助国家实力，国际产业和金融资本控制石油行业达到比较高的程度。

国际金融资本炒作石油需要资源、资金和国家实力。国际金融资本经常利用经济和地缘政治事件炒作石油价格，石油已成为国际金融资本炒作的金融化（泡沫与破裂）商品。

（1）20 世纪 70 年代发生中东战争，沙特阿拉伯减少供油引发 20 世纪 70 年代美国经济危机。

（2）美国从第一次石油危机吸取教训，通过国家政治、军事的影响力和私人资本的资金实力争夺世界石油资源或影响石油供应国，如通过石油长期低价手段和战争手段击垮伊拉克萨达姆。

（3）2014 年下半年石油价格的下降很可能给沙特阿拉伯引领欧佩克国家提供一个发起一场世界石油份额争夺战的机会。借助世界石油供过于求的有利时机和常规石油资源及非常规石油资源开采成本的差异，欧佩克国家通过低油价手段可以达到削弱非常规石油资源开采的竞争力，从而达到目的。笔者认为，世界石油份额争夺战如果顺利，至少需要一年时间见效。

华尔街金融资本炒作石油价格，不管是做多，还是做空，总是要借助于石油供求失衡的态势。在金融资本炒作大宗商品的时代，现代通信手段传播信息速度比过去快很多，资源价格的上下振幅达 15% 都属价格的正常波动。

2014 年下半年开始石油炒作的阴谋论又开始。正是有关美国击败伊拉克的故事，有人猜测美国要击垮俄罗斯会不会使用石油长期低价手段？笔者认为这种可能性很小，原因如下：

（1）石油供应格局已不同于美国击垮伊拉克萨达姆的时期，美国、加拿大石油开采已成为不可忽视的力量，可能出现"杀敌一千自伤八百"。2014 年 12 月 1 日，著名石油分析师、普利策奖获得者叶金·丹尼尔接受美国 NPR 广播电台采访时说，普京从过去油价暴跌中吸取了教训，建立了外汇储备，外汇储备成为应对油价下跌的绝缘毛毯。

（2）损己利人，油价长期处低价位，新兴经济体国家如中国和印度等国会大大受益，这是西方国家不愿看到的。美国参与石油行业的资本力量强大，油价长期处低位，美国石油行业大受冲击，投资石油的美国资本力量会反击。近几年美国加大开采石油的力度，从低点 500 万桶到现在 1000 万桶，按每桶 80 美元计算，今后每年少掏 1460 亿美元向外国购买石油，其中很大部分用于国内投资，美国石油行业对美国经济复苏起了相当大的作用。

（3）美国政府债台高筑，发动大规模战争对美国的副作用很大。据美国债务时钟网站提供的数字，2014 年 11 月 10 日美国政府总债务（公众持有的联邦、州和地方政府总债务＋政府内部债务）达约 17.917 万亿美元，按 3.18 亿人口算，债务摊到公民头上人均 56343 美元；按美国国民生产总值 17.294 万亿美元算，占美国国民生产总值的 103.60%。

（4）世界金融和贸易体系缓步进入一个贸易结算的手段和外汇储备货币的币种多样化的时代，美元作为世界贸易结算的主导手段和各国外汇储备的主导币种的地位受到冲击。面对世界金融和贸易体系的变化和世界石油供求的新格局，华尔街金融资本炒作石油价格的手法会变化。

（二）国家实力配合产业和金融资本财团争夺石油资源

美国提供军事保护，沙特提供石油，这是一个大国如何控制石油的例子。美国军火商和石油利益集团与中东地区局势紧张有密不可分的关系。国际石油市场竞争深受地缘政治、国家利益、国际产业和金融资本利益等因素的影响，"水很深"。国际石油价格除了受供给和需求因素的影响，也深受地缘政治、国家利益、国际产业和金融资本利益等因素的影响。

国家实力的介入以争夺国际油气资源已成常态。油气公司投资的成功除了靠资金实力，政府力量和其他的人脉关系也成为影响油气投资的重要因素。

五、中国民营资本进入石油行业是十年一遇的机会

回顾石油价格波动的历史，笔者认为这次石油价格大跌是中国民营资本进入石油行业的好机会，是十年一遇的大机会。最近七年（截至 2014 年 12 月 11 日）美国纽约商品交易所一桶得克萨斯西部中质原油（WTI）价格的走势如图 8-11 所示。

据 2014 年 12 月加拿大基金经理和研究报告发行人题勒·林德（Teal Linde）的分析，2009~2013 年消费量增长主要在新兴经济体国家和中东国家，生产量增长主要靠美国页岩油气和加拿大油砂油气。据 Linde 证券市场报告提供的数字，2009~2013 年石油市场供求变化（百万桶油当量/日）如表 8-2 所示。

但是，一般的美国页岩油生产公司的产量递减率是-40%，第一年-70%。题勒·林德认为，2014 年 7 月以来油价暴跌是短期行为，油价的长期趋势并没有改变。从 2014 年下半年的欧佩克能源统计数字来看，世界石油供应超过石油需求的量不大，超过的原油日产能在 150 万桶。

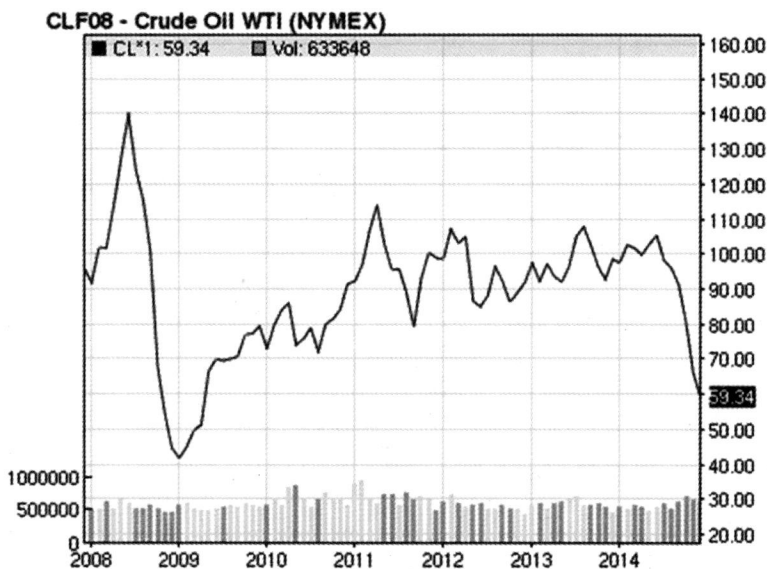

图 8-11　原油走势

资料来源：纳斯达克网站。

表 8-2　石油市场供求变化

单位：百万桶油当量/日

地区	生产量	消费量
北美	+4	+0.5
欧洲	−1	−1
非洲	−1	平
欧亚	+0.5	+0.5
中东	+2.5	+1
亚洲	平	+3.5
中、南美洲	平	+1
世界范围	+5	+5.5

　　Lightstream Resources 是一家加拿大油气公司，重点是轻油资源开发和生产，其 2010~2014 年产量综合递减率如图 8-12 所示。

　　中国是石油消费的大国，随着石油供应对外依存度的提高，国有资本和私有资本在国际油气勘探和开发行业中有巨大的发挥空间。油气勘探特别需要敢于冒险的中小企业和民间资本。美国、加拿大私人财产大量隐藏在石油等资源行业。国际石油市场有巨大的市场容量，石油价格市场化，大中小油气企业都能找到发展空间。

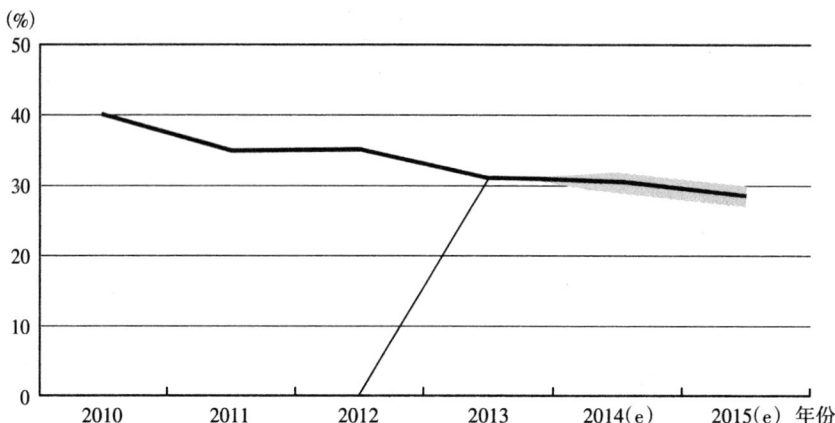

图 8-12　产量综合递减率
资料来源：2014 年 11 月 Lightstream Resources 公司的介绍文本。

塔马拉克河谷能源公司（Tamarack Valley Energy Ltd.，多伦多证券交易所创业板上市，股票代码：TVE）是加拿大一家油气勘探、开发和生产公司，发展势头良好，其经营战略值得想进入油气资源行业的中国民营投资者借鉴。以下是塔马拉克河谷能源公司经营战略要点：

1. 地块选择要对

（1）潜在原地油气资源丰度高。塔马拉克河谷能源公司的标准：潜在原地油气资源大于 400 万桶油当量或 250 亿立方英尺/平方英里。

（2）已显示可以成功的特征。

（3）勘探开发低风险，可重复、预测和持续。

2. 时机要选好

（1）选择行业投资成本低点时进入，风险不太高，有 40%~60% 的成功机会。

（2）多数资源风险投资项目会有两次投资成本低点的进入机会。

3. 风险要管理

分散投资是管理风险的策略。若四次资源风险投资机会，只要一次成功就可弥补另外三次失败。

在世界石油市场上，中国年轻的一代可以大展宏图。

国际著名石油和矿业巨头阿道夫·伦丁（Adolf Lundin，1932~2006）总结了资源行业企业家事业成功的五个要素：

（1）从不放弃!

（2）总是遵守第一原则。

（3）没有痛苦，没有收获。

（4）放弃爱好和无法追求自己舒适的生活。

（5）找到好的同事并让他们分享利润。

参 考 文 献

［1］中国国家标准. 石油天然气资源/储量分类（GB/T19492-2004）.

［2］王涛. 征战死亡之海——塔里木石油会战［M］. 北京：中共党史出版社，2013.

［3］余芳倩. 冀东南堡油田大发现的背后［J］. 国企，2007（5）.

［4］石油工程师学会石油天然气储量委员会. 石油资源管理系统［M］.

［5］国土资源部. 石油天然气探明储量报告编制暂行规定［Z］. 2005（4）.

［6］民营企业积极收购海外油气资产［EB/OL］. 中国行业研究网，2014.

［7］北京中天衡平国际资产评估有限公司. 拟收购马腾石油股份有限公司股权项目资产评估技术说明［R］. 2014（3）.

［8］汪莉丽. 世界石油价格历史演变及影响因素归纳［J］. 资源与产业，2009，11（5）.

［9］加拿大和美国的油气信息披露规则［Z］. 2006.

［10］Mac Margolis. The Rise and Fall of Brazilian Billionaire Eike Batista［EB/OL］. http: //www.thedailybeast.com，2012（9）.

［11］Dean Rietz（Ryder Scott Company）. Common Reserves Standards：A Brief Comparison［J］. RSC Reserves Conference，2012（9）：7-14.

［12］Eric Penner（RBN Energy）. Shale Production Economics-estimating Well Production［R］. 2013（9）：7-14.

［13］JJ2000426：The Real EUR of EOG's Bakken Shale Wells，2013（1）.

［14］James Mason. Well Production Profiles to Assess Fayetteville Gas Potential Revisited，2012（7）.

［15］Energy Information Administration：What Drives Crude Oil Prices？ 2014

（1）.

[16] Richard Newell（Energy Information Administration）. Energy and Financial Markets Overview：Crude Oil Price Formation ［Z］. 2011（2）.